장애를 넘어 **인류애**에 이른
헬렌 켈러

장애를 넘어 인류애에 이른 헬렌 켈러

2010년 10월 15일 초판 1쇄 발행
2025년 9월 24일 초판 21쇄 발행

지은이	권태선
그린이	원혜영
펴낸이	염종선
책임편집	천지현
디자인	권혜원
펴낸곳	(주)창비
등록	1986. 8. 5. 제85호
제조국	대한민국
주소	10881 경기도 파주시 회동길 184
전화	031-955-3333
팩스	031-955-3399(영업) 031-955-3400(편집)
홈페이지	www.changbikids.com
전자우편	dongmu@changbi.com

ⓒ 권태선, 원혜영 2010
ISBN 978-89-364-4609-3 73990

* 이 책 내용의 일부 또는 전부를 재사용하려면 반드시 저작권자와 창비 양측의 동의를 얻어야 합니다.
* 책값은 뒤표지에 표시되어 있습니다. * KC마크는 이 제품이 공통안전기준에 적합하였음을 의미합니다.
* 사용 연령: 5세 이상 * 종이에 베이거나 긁히지 않도록 주의하세요.

장애를 넘어 인류애에 이른

헬렌 켈러

권태선 글 | 원혜영 그림

창비

| 머리말 |

눈멀고 귀먹은 장애를 극복한 여성, 헬렌 켈러(Helen Adams Keller)의 이야기는 모르는 사람이 없을 정도로 우리에게 잘 알려져 있습니다. 그가 장애를 극복해 나가는 과정을 그린 전기가 우리나라만 해도 이미 여럿 나와 있습니다. 그래서 헬렌 켈러가 설리번 선생님의 가르침으로 모든 사물에 이름이 있다는 사실을 알게 되는 감동적인 이야기는 누구나 한 번쯤 읽어 봤을 것입니다. 그런데도 또 다시 헬렌 켈러 이야기를 새롭게 쓰는 까닭은, 그는 우리가 일반적으로 아는 것보다 훨씬 더 풍부한 삶을 산 사람이기 때문입니다.

몇 년 전, 교육방송의 한 프로그램에서 성인이 된 헬렌 켈러의 삶을 다룬 것을 보았습니다. 그 프로그램은 헬렌 켈러가 보지도 듣지도 말하지도 못하는 3중의 장애를 극복한 장애인의 희망일 뿐만 아니라 가난한 노동자와 약한 여성의 친구였다고 말하고 있었습니다. 그 사실을 처음으로 알게 된 저는 그때부터 헬렌 켈러가 쓴 글과 그의 전기를 찾아보기 시작했습니다. 방송에서 본 대로 헬렌 켈러는 우리가 사회적 약자라고 부르는 장애인과 여성 그리고 노동자들을 위해 살았더군요.

그의 행동은 장애가 있든 없든, 여성이든 남성이든, 얼굴이 희든 검든, 모든 인간은 똑같은 존엄성을 가진 귀중한 존재라는 믿음에서 나온 것이었습니다. 그는 여성이나 노동자 그리고 유색인 들을 억누르는 잘못된 사회제도나 편견이 자신을 억누르고 있는 신체적 장애와 같다고 생각했습니다. 신체의 장애 때문에 장애인이 자유롭지 못하듯이 잘못된 사회제도 때문에 노동자나 여성도 자유롭지 못하기 때문입니다. 그러므로 그에겐 여성과 노동자 들을 억누르는 잘못된 사회제도를 고치는 일과 자신의 신체적 장애를 극복하는 일이 다르지 않았습니다. 그가 장애인을 지원하는 운동을 넘어, 여성과 노동자를 위한 일에 발 벗고 나선 것은 그런 까닭에서였습니다. 때때로 헬렌 켈러의 이런 행동을 반대하는 사람들의 비판이 빗발치기도 했습니다. 하지만 그는 자신의 장애를 극복하게 한 강한 정신력과 인간 세상이 좀 더 나은 방향으로 나아갈 것이라는 믿음으로 그것을 견뎌 냈습니다.

그는 또 그토록 어려운 삶 속에서도 따뜻한 마음을 잃지 않은 사람이었습니다. 보통 극한의 어려움을 극복해 낸 사람은 자신보다 약한 사람을 잘 이해하지 못하는 경우가 많습니다. 자신은 그토록 심한 어려움을 극복했는데 그보다 못한 어려움 앞에서 왜 좌절하고 쩔쩔매느냐는 것이지요. 하지만 헬렌 켈러는 달랐습니다. 그는 어려움을 앞에 둔 사람들에게 분발하라고 격려하면서도 사람은 누구나 약할 수밖에 없다는 점도 이해했습니다.

따뜻하면서도 강인한 사람. 헬렌 켈러는 그런 사람이었습니다. 그렇기 때문에 장애인의 상징을 넘어 인류애의 상징으로 우뚝 섰습니다. 헬렌 켈러의 이야기를 통해 여러분도 자신의 한계에 도전하는 굳센 의지를 다지면서, 다른 사람의 아픔을 공감할 줄 아는 따뜻한 마음을 키우기를 바랍니다.

2010년 10월

권태선

| 차례 |

머리말 ● 4

1부   설리번 선생님과의 만남
  1. 헬렌, 보고 듣는 능력을 잃다 ● 13
  2. 선생님을 찾아서 ● 18
  3. 설리번 선생님 ● 24
  4. 난폭한 동물에서 어여쁜 소녀로 ● 30

2부   새로운 삶을 향한 도전
  5. 새로운 세계로 나아가다 ● 40
  6. 즐거운 수업 ● 46
  7. 세계 8대 불가사의 ● 57
  8. 말하기를 배우다 ● 65
  9. 표절 파동 ● 71
  10. 최초의 시각장애인 대학생 ● 76
  11. 공부에 파묻혔던 대학 생활 ● 85

3부   작가의 탄생
  12. 내가 살고 있는 세계 ● 98
  13. 사흘만 볼 수 있다면 ● 105

4부 사회 운동에 투신하다
14. 장애인의 대변자 • 116
15. 사회 개혁가 헬렌 • 127
16. 쏟아지는 비판에 당당히 맞서다 • 138
17. 낙관주의 • 145

5부 이별, 그 이후
18. 설리번 선생님을 떠나보내다 • 150
19. 홀로 선 헬렌 • 157
20. 헬렌이 남긴 교훈 • 164

부록 사진으로 보는 헬렌 켈러의 삶 • 166

시리즈 소개 • 182
참고한 책과 사이트 • 184

일러두기

헬렌 켈러는 『내가 살아온 이야기 The Story of My Life』(1903) 『낙관주의 Optimism』(1903) 『내가 살고 있는 세계 The World I Live In』(1908) 「사흘만 볼 수 있다면 Three Days to See」 (1933) 을 비롯해 많은 책과 수필 그리고 편지 들을 남겼습니다.
이 책에서는 앞의 글들 가운데 헬렌 켈러의 삶을 이해하는 데 꼭 필요하다고 여겨지는 대목을 골라 내용을 소개하거나 일부 직접 인용하기도 하였습니다.

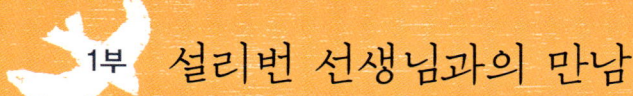

1부 설리번 선생님과의 만남

　버드나무에 물이 오르기 시작한 1887년 3월 3일 미국 앨라배마 주 터스컴비아 시. 여섯 살 난 여자아이 하나가 집 현관문 앞에서 서성거리고 있었습니다. 가정교사를 마중 나간 부모님을 기다리는 중이었습니다. 예쁘고 똑똑해 보이는 얼굴이었지만 표정이 없었습니다. 한쪽 눈은 다른 눈보다 컸고, 눈동자에는 움직임이 없었습니다. 얼핏 보아도 앞을 못 보는 아이 같았습니다.

　따가운 오후 햇살이 아이의 이마 위를 비켜 지나간 조금 뒤에야 마차 한 대가 집 앞에 섰습니다. 마차에는 아이의 어머니와 아버지 그리고 젊은 여성 한 사람이 타고 있었습니다. 이 젊은 여성은 미국 동북부 보스턴에서 기차를 몇 차례 바꿔 타는 긴 여행 끝에 막 터스컴비아에

도착한 참이었습니다.

　이제 갓 스물이 넘은 듯한 이 여성의 눈은 충혈되어 있었고, 입은 옷은 낡고 허름했습니다. 그러나 단호하게 꽉 다문 입술과 날카로운 눈빛은 이지적인 느낌을 주었습니다. 여성이 마차에서 내린 뒤 성큼성큼 현관 계단을 올라가자 인기척을 느낀 아이가 앞으로 내달려 왔습니다. 어찌나 세차게 달려와 안기는지 몸이 휘청거릴 지경이었습니다.

　여성이 건강하고 다부진 체격의 아이를 번쩍 안아 들었습니다. 엄마인 줄 알고 달려와 매달렸던 아이는 낯선 사람이라 느꼈는지 몸을 뒤틀었습니다. 그러나 여성은 아이의 얼굴에서 뭔가 표현하고픈 강력한 열망을 발견했습니다.

　아이를 안아 든 이 젊은 여성의 이름은 앤 설리번, 품에 안긴 소녀의 이름은 헬렌 켈러였습니다. 이 운명적 만남은 두 사람은 물론, 온 세계 장애인의 역사를 다시 쓰는 시작점이었습니다. 설리번 선생님의 헌신적인 사랑과 도움, 그리고 자신의 끊임없는 노력을 통해 귀먹고 눈먼 헬렌 켈러는 장애를 극복하여 세계 모든 장애인에게 희망의 상징으로 거듭나게 되었으니까요.

1. 헬렌, 보고 듣는 능력을 잃다

헬렌 애덤스 켈러는 1880년 6월 27일 미국 앨라배마 주의 터스컴비아에서 태어났습니다. 태어날 당시 헬렌은 여느 아이와 별반 다르지 않았습니다. 방글방글 잘 웃고, 돌도 안 돼 간단한 말을 할 정도로 영리했습니다. 물론 눈도 귀도 모두 정상이었습니다.

어머니 케이트 애덤스 켈러는 스물두 살의 젊은 나이에 자기보다 스무 살이나 많고 이미 두 명의 아들을 둔 아서 헨리 켈러 대위와 결혼했습니다. 어머니는 여성 참정권 운동과 같은 사회 운동에 열정적으로 참여하고 독서를 좋아하는 분이었습니다. 케이트는 첫아기가 태어나자 이름을 헬렌으로 짓자고 했습니다. 자신의 어머니의 이름이자 빛을 뜻하는 헬렌이라는 이름을 통해 딸의 삶이 밝은 빛으로 가득하기를 원했기 때문입니다.

헬렌의 아버지는 성격 좋고 유쾌한 사람이었습니다. 이웃들에게도 너그럽고 자상해 동네 사람들 모두 그를 좋아했습니다. 군에서 대위로 제대한 뒤 한때는 신문사를 운영하기도 했습니다. 덕분에 어린 시

여성 참정권 운동
당시 여성들은 대통령이나 국회의원을 뽑을 투표권을 갖지 못했다. 물론 선거에 후보로 나설 수도 없었다. 그 때문에 많은 여성들이 여성에게 정치에 참여할 권리를 주지 않는 것은 차별이라고 여기고 투표권을 요구하는 운동을 벌였다. 이를 여성 참정권 운동이라고 한다.

절 헬렌의 집은 아주 부유하진 않아도 생활에 부족함을 느끼지 않을 정도로 넉넉했습니다.

한 살 무렵부터 걷기 시작한 헬렌은 한시도 가만히 있지 못했습니다. 걷다가 주저앉으면서도 틈만 나면 일어나 걸으려고 했습니다. 젊은 어머니는 헬렌이 뒤뚱뒤뚱 걷는 모습을 보는 것만으로도 황홀했습니다. 저녁에 일터에서 돌아온 아버지는 현관으로 달려 나와 품에 대롱대롱 매달리는 어여쁜 헬렌 덕분에 세상사의 시름을 날려 보내곤 했습니다.

그러나 그런 행복은 1882년 2월 어느 날 막을 내렸습니다. 만 두 돌이 채 안 된 헬렌이 열병에 걸린 것입니다. 뜨겁게 오른 열은 며칠 동안 내릴 줄 몰랐고, 왕진 온 의사 선생님은 헬렌의 부모님에게 아이를 영영 잃을 수도 있다고 말했습니다.

그렇지만 어머니의 간절한 기도가 통했는지 다행히도 며칠 만에 열이 감쪽같이 떨어졌습니다. 열이 내리자 아이는 깊은 잠에 빠졌습니다. 잠든 어린 딸을 보며 켈러 부부는 안도의 한숨을 내쉬었습니다. 하지만 그 기쁨은 오래가지 못했습니다. 헬렌이 눈이 아프다고 보채기 시작한 것입니다.

그런 상태로 며칠이 지난 어느 날 어머니는 깜짝 놀라지 않을 수 없었습니다. 손을 헬렌의 눈앞까지 가져갔는데도 헬렌이 아무런 반응을 보이지 않았기 때문입니다. 저녁 식사 종소리도 헬렌은 듣지 못했습니다. 지독한 열병이 헬렌의 시력과 청력을 앗아간 것입니다. 어린 딸이 앞으로 보지도 듣지도 못한다는 사실에 어머니는 하늘이 무너지는 듯했습니다.

헬렌은 회고록 『내가 살아온 이야기』에서 당시를 이렇게 기록했습니다.

> 저는 너무 어려 무슨 일이 일어났는지 몰랐습니다. 제가 깨어났을 때 사방은 깜깜하고 고요했습니다. 밤이어서 그런 모양이라고 생각하고, 아침이 오기까지 왜 그렇게 오래 걸리는지 궁금했습니다. 그러나 점차 저를 둘러싼 정적과 어둠에 익숙해졌고 낮이 있었다는 사실조차 잊었습니다. 저는 엄마의 따뜻한 사랑을 제외한 모든 것을 잊어버렸습니다. 심지어 제 목소리조차 잊어버렸습니다.

헬렌은 병이 나은 뒤, 비록 보지 못하고 듣지 못했지만 주변 모든 것에 흥미를 느꼈습니다. 어머니 치맛자락에 매달려 이것저것 만지다 보면 그 물건이 무엇인지 궁금했습니다. 또 다른 사람에게 자신의 뜻을 전할 필요도 생겼습니다. 그러나 보지도 듣지도 말하지도 못하는 헬렌에게는 궁금한 것을 물을 방법도, 자신의 의사를 전달할 방법도 없었습니다. 싫을 땐 고개를 가로저었고 좋을 땐 끄덕였습니다. 추우면 떠는 시늉을 했고, 뭔가를 해 달라고 하고 싶을 땐 어머니 얼굴에

손을 대는 게 전부였습니다.

  자라면서 표현하고픈 욕망도 커졌습니다. 그렇지만 손짓 발짓만으로 제대로 표현할 수는 없었습니다. 좌절감이 커질 수밖에 없었지요. 헬렌은 보이지 않는 손이 옴짝달싹 못하게 자신을 붙잡고 있는 것만 같았습니다. 그 손에서 벗어나려고 발버둥 쳤습니다. 그러나 아무리 발버둥 쳐도 자신의 뜻을 제대로 전달할 수 없었습니다.

  헬렌은 다른 사람을 때리거나 물고, 물건을 던지기도 했습니다. 울다 지쳐 정신을 잃은 적도 있었습니다. 가만히 있다가도 별안간 폭발하는 횟수가 갈수록 늘어나 거의 한 시간에 한 번 정도로 울고 소리치는 일이 벌어졌습니다. 보지도 듣지도 못하니 야단을 쳐도 별 소용이 없었습니다. 어린 헬렌은 아무도 손댈 수 없는 집안의 폭군이 되어 갔습니다.

  친척들은 이런 헬렌을 짐승 보듯이 했습니다. 그럴수록 헬렌은 어머니 치맛자락에 달라붙어 떨어질 줄 몰랐고, 어머니 눈에 눈물 마를 날이 없었습니다. 불 앞에 서 있다가 헬렌의 치마 앞자락에 불이 붙은 적도 있었고, 헬렌이 쓰러뜨린 촛불에 동생 밀드레드가 데어 죽을 뻔하기도 했습니다.

2. 선생님을 찾아서

헬렌의 부모님은 이 상태로는 도저히 안 되겠다고 생각했습니다. 여섯 살밖에 안 되었는데도 이렇게 다루기 힘든데 더 크면 어찌할까 생각하니 가슴이 답답해졌습니다. 주변 사람들은 헬렌을 장애인 전용 시설로 보내라고 권했습니다. 그러나 헬렌의 어머니는 완강하게 거부했습니다. 장애인 시설에 보낸다면 딸을 버리는 것이나 마찬가지라고 여겼기 때문입니다.

그러던 어느 날이었습니다. 어머니는 여느 날처럼 울다 지쳐 잠든 헬렌을 무릎에 안고 바라보고 있었습니다. 그런데 문득 얼마 전에 읽은 영국 작가 찰스 디킨스▪의 미국 방문기가 떠올랐습니다. 거기에는 디킨스가 헬렌처럼 귀먹고 눈먼 로라 브리지먼▪이란 여성을 만난 이야기가 실려 있었습니다.

로라도 헬렌처럼 태어날 때는 장애가 없었지만, 두 살 때 성홍열을 앓은 뒤 시력과 청력을 잃어버렸습니다. 당시 보스턴에는 퍼킨스 맹학교라는 미국 최초의 시각장애인들을 위한 학교가 문을 열었습니다.

찰스 디킨스(1812~1870)
영국의 소설가. 가난한 사람이나 노동자 등 사회적으로 힘없는 이들에 깊은 관심을 가졌고, 사회 풍자 소설을 많이 썼다. 『크리스마스 캐럴』(1843), 『올리버 트위스트』(1838) 들이 대표작이다. 『미국 기록』은 1842년 1월부터 6월까지 미국을 여행하며 쓴 여행기이다.

로라의 부모님은 그 당시 맹학교 교장이던 새뮤얼 하우 선생님에게 로라를 데리고 갔습니다. 하우 선생님은 보지도 듣지도 못하는 로라를 받아들인 뒤 점자를 사용해서 단어를 가르치기 시작했습니다.

예를 들어 먼저 숟가락이라는 글자를 볼록 튀어나오게 쓰고, 글자를 만져 보게 합니다. 그런 다음 숟가락을 주어서 그 단어가 숟가락을 뜻한다는 사실을 알려 주는 식이지요. 처음에는 이런 행동이 무엇을 뜻하는지 몰랐지만 계속 되풀이하자 로라는 그 볼록 나온 글자와 물건이 같은 것을 가리킨다는 사실을 알게 됐습니다. 이렇게 점차 일상생활에 쓰이는 단어를 익혀 가면서 로라는 기본적인 의사소통을 하게 됐습니다.

이 이야기가 널리 알려지면서 많은 사람들이 로라에게 관심을 가졌습니다. 찰스 디킨스도 그 가운데 한 사람이었습니다. 디킨스에게는 메리라는 처제가 있었습니다. 디킨스가 무척 아끼던 이 처제는 아주 뛰어났지만 어린 나이에 불치병에 걸려 병을 이기지 못하고 세상을 떠났습니다. 그런 와중에 디킨스는 볼 수도 들을 수도 말할 수도 없는 로라라는 여성이 3중의 장애를 극복해서 새로운 삶을 열어 간다는 이

로라 브리지먼(1829~1889)
미국 뉴햄프셔 주 하노버에서 태어났다. 두 살 때 성홍열을 앓은 뒤 보고 듣는 감각을 잃어버렸지만 점자 교육을 받아 글자를 쓰고 다른 사람과 의사소통을 할 수 있게 되었다. 당시로서는 굉장히 큰 주목을 받으면서 많은 사람들에게 알려졌고 헬렌 켈러에게도 희망이 되었다.

야기를 들었습니다. 미국을 방문하면 꼭 로라를 만나야겠다고 생각하던 디킨스에게 드디어 기회가 왔습니다. 1842년 처음으로 미국을 여행하게 된 것입니다. 여행 계획을 세우며 디킨스는 로라를 방문하는 것을 주요한 일정으로 잡았습니다.

디킨스가 보스턴의 퍼킨스 맹학교에서 만난 로라는 스스로 곱게 머리를 땋아 단정하게 묶고 있었습니다. 책상에는 공책이 펼쳐져 있었고 공책에는 로라가 연습한 글씨들이 얌전하게 씌어 있었습니다. 로라는 뜨개질을 하고 있었는데 방바닥에는 인형 하나가 떨어져 있었습니다. 인형 옷은 로라가 입은 옷과 똑같은 초록색이었습니다. 로라가 직접 그 인형 옷을 만들었다며 안내한 선생님이 알려 주었습니다. 디킨스는 인형을 주워 한참 들여다본 뒤 로라에게 건네주었습니다. 인형을 받아든 로라는 디킨스에게 수화로 "안녕하세요, 인형을 주워 주셔서 감사합니다"라고 말했습니다.

디킨스는 보지도 듣지도 못하고 살아 있는 감각이라곤 단지 촉각뿐이던 로라가 점자 교육을 통해 이렇게 다른 사람과 대화를 하고 간단한 글자도 쓰게 된 것을 보면서 인간의 힘이 얼마나 위대한지 새삼 깨달았습니다. 디킨스는 『미국 기록』이라는 여행기에 이 이야기를 쓰면서 로라야말로 자신의 운명을 극복하고 새롭게 태어난 여성이라고 칭송했습니다.

디킨스의 글을 다시 찾아 읽어 본 헬렌의 어머니에게도 희망이 샘

솟았습니다. 헬렌을 가르칠 방법만 찾아낸다면 헬렌도 로라처럼 될 수 있을 것만 같았습니다. 그렇지만 먼저 수술로 헬렌의 눈을 고칠 방법이 있는지부터 알아보고 싶었습니다. 그래서 앨라배마 주와 이웃 테네시 주에 있는 유명한 안과 병원이란 병원은 다 찾아가 보았습니다. 그러나 어느 누구에게서도 헬렌의 눈을 고칠 수 있다는 이야기는 듣지 못했습니다.

낙담해 있던 어느 날, 친척 아주머니 한 분이 찾아왔습니다. 아주머니는 전혀 희망이 없어 보이는 환자도 고치는 훌륭한 안과 의사가 볼티모어에 있다는 이야기를 전했습니다. 헬렌의 부모님은 헬렌을 데리고 그 아주머니와 함께 병원을 찾아갔습니다. 헬렌의 눈과 귀를 꼼꼼히 살펴본 의사 선생님은 헬렌을 고칠 의학적 방법은 없다고 고개를 저었습니다. 하지만 그렇다고 희망을 포기해선 안 된다고 덧붙였습니다. 헬렌도 로라 브리지먼처럼 가르치면 보통 사람과 마찬가지로 살 수 있다는 것이었습니다.

"여기에서 그리 멀지 않은 워싱턴에 가면 청각 장애 전문가가 있습니다. 한번 가서 만나 보세요. 그분이라면 이 아이를 위한 학교나 선생님을 찾아 줄 수 있을 겁니다."

의사 선생님은 이렇게 말하며 소개장을 써 주었습니다. 그가 소개한 전문가는 바로 20대에 전화를 발명해 유명해진 알렉산더 그레이엄 벨[*] 박사님이었습니다.

벨 박사님은 전화가 청력을 돕는 보조 기구가 되기를 바랄 만큼 청각장애인을 돕는 일에 관심이 많았습니다. 화가인 어머니와 사랑하는 아내 역시 청각장애인이기 때문이었습니다. 헬렌의 부모님은 헬렌을 데리고 벨 박사님을 만나러 갔습니다. 벨 박사님은 헬렌을 가엾게 여겨 무릎에 안고서는 자신의 시계를 만져 보라고 주었습니다. 헬렌은 시계가 움직이며 내는 진동이 재미있었습니다.

헬렌 부모님의 이야기를 듣고, 안과 의사 선생님의 소개장을 본 벨 박사님은 다시 소개장 한 장을 써 주었습니다. 로라가 공부했던 퍼킨스 맹학교의 마이클 아나그노스 교장 선생님에게 헬렌을 소개하는 내용이었지요. 집으로 돌아온 아버지는 아나그노스 교장 선생님에게 헬렌을 가르칠 선생님 한 분을 보내 달라는 편지를 보냈습니다. 물론 벨 박사님의 소개장도 함께 보냈습니다.

편지를 받은 아나그노스 선생님은 졸업생 명단을 보면서 헬렌을 도울 사람이 있는지 찾아보았습니다. 한 여자 졸업생의 얼굴이 떠올랐습니다. 앤 설리번이란 학생이었습니다. 열네 살에 퍼킨스 맹학교에

알렉산더 그레이엄 벨(1847~1922)
미국의 과학자이자 발명가. 영국 스코틀랜드에서 태어났다. 자석식 전화기로 특허를 신청해 벨 전화 회사를 설립(1877)하는 등 전기통신 분야에 뛰어난 업적을 남겼다. 그의 어머니와 아내가 청각장애인이었기 때문에 청각장애인을 위한 교육에 관심이 많았으며, 1922년에 세상을 떠날 때까지 헬렌과 설리번의 좋은 친구이자 후견인이 되어 주었다.

들어왔던 설리번은 아주 영리하고 똑똑했습니다. 어린 시절에 심하게 앓은 눈병 때문에 시력은 무척 약했지만 하나를 가르치면 열을 알 만큼 머리가 좋았습니다. 또 무엇을 시키든 맡은 일은 틀림없이 해내는 학생이었습니다. 청각장애인이나 시각장애인을 가르쳐 본 경험이 없다는 게 문제이긴 했지만 설리번이라면 잘 해낼 것만 같았습니다.

3. 설리번 선생님

앤 설리번 선생님은 참으로 어려운 환경에서 자랐습니다. 선생님의 부모님은 아일랜드 출신으로, 아일랜드에서 수백만 명이 굶어 죽은 대기근이 발생한 1847년, 먹을 것을 찾아 미국으로 건너왔습니다. 아버지는 미국에 오자마자 매사추세츠 주 피딩 힐스의 한 농장에서 노동자로 일했습니다. 선생님의 어머니는 생활력이 강한 아름다운 여성이었습니다. 돈이 되는 일이라면 허드렛일도 마다하지 않았습니다.

설리번 선생님은 두 사람의 맏딸로 태어났습니다. 밑으로는 남동생이 두 명 있었습니다. 어려운 환경에서 제대로 먹지도 못하며 자란 선생님은 다섯 살 되던 해 트라코마라는 눈병까지 걸렸습니다. 눈병은 나았지만, 시력이 아주 나빠져 반 실명 상태나 다름없었습니다. 어머니는 딸의 눈을 고치기 위해 온갖 방법을 다했습니다. 그러나 눈은 전혀 나아지지 않았습니다. 설상가상으로 아이들을 위해 제대로 먹지도 않고 일만 했던 어머니는 결핵에 걸려, 선생님이 여덟 살 때 세상을 떠나고 말았습니다. 술주정뱅이였던 아버지는 어머니가 죽고 난 두 해 뒤 선생님과 두 동생을 버리고 떠났습니다.

집에 있어도 폭력을 휘두르기 일쑤던 아버지였지만, 그런 아버지마저 떠나고 나니 아이들의 삶은 더욱 비참해졌습니다. 먹고 살기 위해 친척집을 전전하다 결국은 구빈원*으로 가지 않을 수 없었습니다. 두 동생과 함께 고아 아닌 고아가 돼 구빈원 생활을 시작했을 때 설리번 선생님은 겨우 열 살이었습니다.

길거리에서 구걸하는 거지들이 다 모여 있는 구빈원은 벌레가 들끓고 더럽기 짝이 없었습니다. 먹을 것도 멀건 죽이 전부일 정도로 형편없었습니다. 구빈원에서 제대로 먹지 못했던 동생들이 차례로 병에 걸려 숨졌습니다. 둘째 동생의 주검을 묻고 돌아온 날 밤, 설리번 선생님은 의지할 데 없는 외톨이가 됐다는 외로움에 몸을 떨었습니다. 침대 옆에 무릎을 꿇고 앉아 제발 자신도 동생을 따라 죽게 해 달라고 눈물로 기도했습니다.

그러나 설리번 선생님은 어머니를 닮아 강인했습니다. 가족을 모두 잃는 슬픔을 겪었지만, 스스로를 일으켜 세웠습니다. 그리고 배움에

| **구빈원**(救貧院)
집 없는 가난한 이들에게 잠자리와 먹을 것을 주는 구호 시설.

대한 소망도 버리지 않았습니다. 구빈원에서 누군가로부터 시각장애인을 가르치는 특수학교가 있다는 이야기를 들은 뒤부터 자신을 도와줄 만한 사람을 만나면 언제나 그 학교에 들어가게 해 달라고 부탁했습니다. 그 학교에서라면 남들처럼 공부해 지긋지긋한 가난에서 벗어날 수 있을 것만 같았습니다.

그러던 어느 날 드디어 기회가 찾아왔습니다. 구빈원 환경이 너무 나쁘다는 사실이 알려지면서 매사추세츠 주 자선 위원회에서 실태 조사를 나온 것입니다. 선생님은 조사 위원들에게 눈이 잘 안 보인다며 보스턴에 있는 퍼킨스 맹학교에 가고 싶다고 말했습니다. 자선 위원회는 선생님의 소원을 들어주었습니다.

열네 살에 학교에 처음 들어간 설리번 선생님은 날 듯이 기뻤습니다. 공부하는 것 하나하나가 다 재미있었습니다. 학교에는 50대가 된 로라 브리지먼도 있었습니다. 선생님도 점자를 배워 로라와 소통할 수 있었습니다.

그렇게 학교생활에 재미를 붙이던 어느 여름방학 때, 한 친구로부터 눈을 고칠 수 있을지도 모른다는 이야기를 들었습니다. 설리번 선생님은 뛸 듯이 기뻐하며 후원자에게 이 사실을 말했고, 이 이야기를 들은 후원자가 선생님을 데리고 안과에 갔습니다. 눈을 살펴본 의사 선생님은 매사추세츠 주 안이비인후과로 보내 주었습니다. 그곳에서 선생님은 주 자선 위원회의 도움으로 두 차례에 걸쳐 눈 수술을 받았습니다. 그 결과 정상적으로 읽을 수 있을 만큼 시력이 회복됐습니다. 점자책이 아닌 보통 책도 읽을 수 있게 되자 선생님의 실력은 몰라보게 늘었습니다.

마침 이때 주 자선 위원회가 아네트 로저스라는 교양 있는 부인을 선생님의 후견인으로 선정해 주었습니다. 당시 많은 보스턴 사람들처럼 로저스 부인도 자선 베풀기를 의무이자 자랑으로 여겼습니다. 부인의 집은 진기한 책과 그림과 꽃 들로 가득 차 있었습니다. 설리번 선생님은 그 집에 드나들면서 많은 책을 읽고 꿈을 키워 나갔습니다. 그렇게 세월이 흘러 퍼킨스 맹학교에 들어간 지 6년 만에 설리번 선생님은 우수한 성적으로 학교를 졸업했습니다.

스무 살에 선생님은 졸업장을 들고 세상으로 나왔습니다. 그러나 아직 일자리를 주겠다는 곳은 나타나지 않았습니다. 앞으로 어떻게 살아갈지 막막했습니다. 다행히 로저스 부인은 선생님이 일자리를 구할 때까지 별장에 머물도록 허락했습니다. 바로 이 무렵에 아나그노스 교장 선생님으로부터 편지 한 장이 날아온 것입니다. 켈러 씨 집에서 시청각 장애를 가진 헬렌이라는 어린이를 돌볼 사람을 찾는다는 내용이었습니다.

사랑하는 앤.
동봉한 편지를 꼼꼼히 읽고 켈러 씨의 어린 딸을 돌볼 생각이 있는지

가능한 한 빨리 알려 다오. 편지 말고는 그 가족에 대한 정보가 없지만, 그 일을 해 볼 생각이면 그 댁에 편지를 써서 자세하게 알아보렴.

편지를 읽은 설리번 선생님은 뛸 듯이 기뻤습니다. 이제 비로소 제 힘으로 살 수 있는 길이 열릴 듯했으니까요. 하지만 선생님은 시각장애인을 가르치는 방법을 몰랐습니다. 그러나 그렇다고 주저앉을 수는 없었습니다. 모처럼 들어온 일자리를 놓치지 않기 위해 먼저 헬렌의 부모님에게 아이를 돌보겠다고 전하고 반년만 말미를 달라고 청했습니다. 그 반년 동안 선생님은 퍼킨스 맹학교에 다시 들어가 시청각 장애를 가진 어린이를 가르치는 법을 공부했습니다.

설리번 선생님은 한 학기 동안 열심히 공부해서 교수법을 어느 정도 익힌 뒤, 이듬해 봄 마침내 터스컴비아로 떠났습니다. 남부행 열차에 몸을 실은 선생님은 불안하기도 하고 흥분되기도 했습니다. 시청각 장애를 지닌 헬렌을 과연 잘 가르칠 수 있을지, 켈러 씨 가족은 어떤 분들일지, 생전 처음 가는 남부의 삶은 어떠할지 등등, 생각이 꼬리에 꼬리를 물고 이어졌습니다. 그러나 그 무엇보다도 설리번 선생님의 마음속에는 드디어 독립적인 인간으로 살 수 있다는 자긍심이 벅차올랐습니다.

4. 난폭한 동물에서 어여쁜 소녀로

선생님의 기대와 달리 터스컴비아에서의 삶은 녹록하지 않았습니다. 헬렌의 집에 도착한 다음 날 설리번 선생님이 짐을 풀고 있을 때였습니다. 어린 헬렌은 선생님 방에 들어와 이것저것 만지며 새로 온 선생님에게 관심을 보였습니다.

한참이 지나 짐 정리를 끝낸 선생님이 가방에서 인형 하나를 꺼내 헬렌의 손에 쥐여 주었습니다. 로라가 헬렌에게 주라고 준 인형이었습니다. 선생님은 헬렌의 손바닥에 d-o-l-l(인형)이라고 썼습니다. 헬렌은 한 손은 인형을 쥐고 다른 한 손은 선생님에게 맡기고 있었지만 선생님의 행동이 무슨 뜻인지 잘 몰랐습니다. 잠시 후 선생님은 인형을 빼앗고 헬렌의 손바닥에 같은 글자를 썼습니다. 그리고 다시 인형을 주었습니다. 인형을 줬다 빼앗으면서 손바닥에 글자를 쓰는 일이 몇 차례 되풀이되자 헬렌은 울음을 터뜨리며 데굴데굴 굴렀습니다. 손바닥 글쓰기의 의미를 알 리가 없었기에, 선생님이 구불거리는 머리카락에 눈꺼풀이 움직이는 재미있는 인형을 줬다가 뺏으며 약을 올린다고 여겼으니까요. 선생님으로선 난감하기 짝이 없었습니다.

겨우 헬렌을 진정시켜 의자에 앉힌 뒤 선생님은 아래층에 내려가 케이크를 한 조각 들고 왔습니다. 케이크를 헬렌 앞으로 가져가자 헬렌이 덥석 잡으려고 손을 내밀었습니다. 그러나 선생님은 케이크를 주지 않고 헬렌의 손에다 c-a-k-e(케이크)라고 썼습니다. 이러기를 몇 차례 한 뒤 헬렌이 c-a-k-e(케이크)라고 제대로 쓰자, 그제야 선생님은 헬렌에게 케이크를 주었습니다. 헬렌은 허겁지겁 케이크를 먹어 치웠습니다.

  선생님은 다시 헬렌의 손에 d-o-l-l(인형)이라고 쓴 뒤 인형을 만지게 했습니다. 헬렌이 마침내 d-o-l-l(인형)이라고 정확하게 쓰자 인형을 헬렌에게 주었습니다. 인형을 받아 든 헬렌은 아래층으로 내려가 버렸습니다. 인형을 다시 뺏길까 두려웠는지 그날 내내 선생님 방에는 얼씬거리지도 않았습니다.

  그렇다고 헬렌이 손가락으로 쓰는 d-o-l-l(인형)이라는 글자와 인형이 무슨 관계가 있는지 안 것은 아닙니다. 설리번 선생님이 헬렌에게 뭔가를 가르치려고 하면 헬렌은 마구 달려들며 발버둥을 쳤습니다. 그저 선생님이 귀찮게 한다고 생각했기 때문입니다. 철자를 가르치기 위해 자꾸만 같은 동작을 반복하게 만들자, 선생님에게 달려들어 앞니를 부러뜨린 적도 있었습니다.

  설리번 선생님은 헬렌이 알아듣건 말건 끈질기게 물건을 주고 손바닥에 물건의 이름을 써서 가르치는 일을 되풀이했습니다. 그렇게 하루 종일 헬렌과 실랑이를 하고 자기 방으로 돌아오면 파김치가 됐습니다. 그렇지만 그 다음 날도, 또 그 다음 날도 선생님은 다시 끈질기게 헬렌의 손을 잡아당겼습니다.

헬렌과의 싸움은 글을 가르칠 때뿐만이 아니었습니다. 헬렌은 기본적인 생활 예절조차 몰랐습니다. 어느 날 아침 식사 시간이었습니다. 헬렌은 숟가락이나 포크를 쓰지 않고 손가락으로 멋대로 음식을 집어 먹었습니다. 헬렌의 주변은 흘린 빵 부스러기와 음식으로 지저분하기 짝이 없었습니다. 선생님은 헬렌의 음식을 빼앗아 버렸습니다. 헬렌의 부모님과 오빠들은 놀라 어쩔 줄 몰랐지만, 선생님은 헬렌을 이대로 둘 수는 없다고 생각했습니다.

"헬렌의 버릇을 이대로 두어선 안 되겠어요. 제가 버릇을 가르쳐 놓을 테니 모두 밖으로 나가 주세요. 아이가 울더라도 절대로 들어오시면 안 돼요."

선생님은 가족들을 내보냈습니다. 어머니와 아버지는 불안했지만 어쩔 도리가 없었습니다. 헬렌의 밥 먹는 버릇은 정말 문제였으니까요. 떨어지지 않는 발걸음으로 가족들이 다 나가자 선생님은 문을 걸어 잠갔습니다. 그리고 자리로 돌아가 다시 밥을 먹었습니다.

음식이 없어진 것을 안 헬렌이 소리를 지르고 바닥에 뒹굴며 행패를 부렸습니다. 그러나 선생님은 모르는 척하며 계속 밥을 먹었습니다. 한참을 바닥에서 뒹굴어도 헬렌을 달래러 오는 사람은 아무도 없었습니다. '어떻게 된 거지?' 하고 생각한 헬렌은 슬그머니 일어나 식탁 주위를 돌며 도와줄 누군가가 있는지 살펴보았습니다. 식탁을 다 돌아봐도 방 안에는 선생님과 자신밖에 없었습니다. 엄마도 아빠도

오빠도 모두 사라진 것입니다. 당황한 헬렌은 어찌할 바를 몰랐습니다. 좀 더 떼를 써 볼까 생각했지만, 선생님에겐 어림없는 일이란 느낌이 들었습니다. 하는 수 없이 자기 의자에 다시 앉았습니다.

그러자 선생님이 음식을 돌려주었습니다. 우느라 배가 고팠던 헬렌은 다시 손가락으로 음식을 먹으러 달려들었습니다.

"헬렌, 음식은 숟가락과 포크를 써서 먹어야 한단다. 자, 이것으로 먹으렴."

선생님이 헬렌에게 숟가락을 주었습니다. 그러나 밥을 빼앗았던 선생님에게 화가 난 헬렌은 숟가락을 바닥에 던져 버렸습니다. 선생님은 다시 음식을 뺏고 헬렌의 엉덩이를 철썩 때린 뒤 의자 밑으로 내려보냈습니다. 헬렌은 발버둥 쳤지만, 잠시 뒤 다시 의자로 올라와 앉았습니다. 선생님이 다시 숟가락을 주었습니다. 헬렌은 또다시 던져 버렸습니다. 선생님은 다시 음식을 뺏고 엉덩이를 때린 뒤 헬렌을 의자에서 내려보냈습니다. 이러기를 대여섯 번 되풀이한 뒤에야 헬렌은 의자에 앉아 선생님이 준 숟가락으로 음식을 먹기 시작했습니다.

이제 냅킨을 둘러싼 싸움이 시작됐습니다.

"헬렌, 음식을 다 먹으면 냅킨을 잘 접어 식탁에 놓는 거란다."

그러나 헬렌은 고집을 부리며 들은 체하지 않았습니다. 그럴 때마다 선생님은 엉덩이를 때리고 냅킨을 접게 하는 일을 되풀이했습니다. 결국 한 시간이 지나서야 헬렌은 선생님이 시키는 대로 냅킨을 잘 접어 놓았습니다.

한바탕 전쟁을 끝낸 뒤 방으로 올라간 선생님은 침대에 몸을 던지고 한참이나 눈물을 쏟았습니다. 너무나 힘들어 몸은 축 늘어졌습니다. 그렇게 한참을 울고 난 뒤 기분이 좀 나아지자 선생님은 또다시 헬렌과의 싸움에 나섰습니다.

며칠 동안 이런 일을 되풀이하면서 설리번 선생님은 헬렌의 마음을 얻으려면 헬렌을 가족에게서 떼어 놓지 않으면 안 되겠다고 생각했습니다. 부모님은 앞 못 보는 헬렌이 안타까운 나머지 헬렌의 응석을 다 받아 주었습니다. 그러다 보니 버릇을 가르치는 일이 몇 배나 힘들 수밖에 없었습니다.

"헬렌 어머님, 헬렌을 이대로 두어서는 안 되겠어요. 여섯 살이 넘었는데 아직도 기본적인 생활 예절조차 모릅니다. 이대로 두었다간 점점 더 바로잡기 어려울 거예요. 제 생각엔 어머님 아버님은 헬렌을 너무 안타깝게 여기셔서 버릇을 고치기 어려운 것 같아요. 제가 따로 헬렌과 함께 별채에 있으면서 예절을 가르쳐 보겠습니다. 믿고 맡겨 주세요."

부모님은 썩 내키지 않았지만, "장애가 있을수록 엄격하게 가르쳐서 다른 사람들의 웃음거리가 되지 않도록 해야 한다"는 선생님의 말에 결국 설득되었습니다. 부모님의 동의를 얻은 선생님은 헬렌이 태어났던 별채로 헬렌을 데리고 나왔습니다. 별채에는 방이 두 칸 있었는데, 헬렌과 선생님이 큰 방을 쓰고 그들을 도울 하녀가 작은 방에 머물렀습니다.

별채로 옮겨 간 첫날은 악몽 그 자체였습니다. 헬렌은 흥분해서 소리치고 뛰어다니며 난리도 아니었습니다. 새로운 환경이 무척이나 재미있었던 모양입니다. 저녁때는 선생님이 주는 대로 밥도 잘 먹었습니다. 그러나 밤이 되면서 갑자기 태도가 달라졌습니다.

잠옷을 입고 잠자리에 든 헬렌은 선생님이 침대로 들어가 곁에 눕자 벌떡 일어나 뛰쳐나갔습니다. 그러고는 방구석에 웅크리고 앉아 꼼짝도 하지 않았습니다.

"헬렌, 오늘부턴 선생님하고 자야 해. 엄마는 이제 오시지 않아. 선생님하고 자면 내일부터 재미있는 놀이도 많이 해 줄게, 착하지."

선생님이 열심히 달랬지만 헬렌은 도무지 말을 듣지 않았습니다. 실랑이가 계속됐습니다. 두 시간 만에 억지로 침대에 끌려 들어온 헬렌은 선생님의 몸에 자기 몸이 닿지 않도록 침대 모서리에 꼭 달라붙어 잠이 들었습니다.

다음 날은 전날보다 훨씬 양순해졌습니다. 다만 누군가를 기다리는 듯 계속 문간을 서성거렸습니다. 그러나 아무리 기다려도 어머니는 오지 않았습니다. 헬렌은 마음이 상한 듯 머리를 푹 숙이고 풀이 죽었습니다. 그러고는 하루 종일 인형만 갖고 놀았습니다. 선생님이 근처로 오기라도 하면 몸을 웅크리고 피했습니다.

둘의 대결은 며칠 동안이나 계속됐습니다. 헬렌은 선생님이 주는 옷을 입지 않으려고 했습니다. 옷을 주면 바닥에 내던져 버렸습니다. 어떤 날은 점심때가 다 되도록 잠옷 차림으로 버텼습니다. 헬렌이 어떻게 지내는지 궁금했던 아버지와 오빠가 창틈으로 이런 헬렌의 모습을 보았습니다. 아버지는 버릇을 가르치겠다고 해 놓곤 한낮이 다 되도록 잠옷 차림으로 놔두는 선생님이 못마땅했습니다. 괜히 저러다가 아이만 더 힘들어하는 게 아닌가 걱정도 되었습니다.

그렇지만 선생님은 물러서지 않았습니다. 갖은 방법을 다 써 가며 헬렌에게 "옷을 입지 않으면 밥을 먹을 수 없어"라는 뜻을 전했습니다. 아침밥을 쫄쫄 굶은 채 고집을 부리던 헬렌도 배가 고프니 견딜 수 없었습니다. 슬그머니 선생님이 준 옷을 받아 입었습니다.

선생님은 헬렌의 머리를 쓰다듬으며 말했습니다.

"그래 잘했다, 헬렌. 아침에 일어나면 세수를 하고 옷을 갈아입어야 하는 거야. 그래야 맛있는 밥을 먹을 수도 있어. 자, 이제 헬렌이 착하게 옷을 입었으니, 맛있는 빵과 우유를 줄게."

그렇다고 전투가 끝난 것은 아닙니다. 옷 입기, 세수하기, 머리 빗기, 잠자기 등 어느 것 하나 쉽게 넘어가지 않았습니다. 고집 센 헬렌을 갑자기 달라진 환경에 적응시키려니 선생님도 헬렌도 힘들기는 마찬가지였습니다. 고된 싸움이 여러 날 계속된 끝에야 선생님은 보스턴에 있는 친구에게 이렇게 편지를 쓸 수 있었습니다.

오늘 아침 저는 기쁨으로 들떠 있어요. 기적이 일어났어요. 어린 학생의 마음에 햇빛이 비치기 시작했어요. 2주 전의 거친 어린아이가 이제는 양순한 아이로 바뀌었어요. 내가 그 아이의 볼에 키스해도 가만히 있고 1~2분 동안은 내 무릎에 앉아 있기도 한답니다.

2부 새로운 삶을 향한 도전

5. 새로운 세계로 나아가다

이런 기적을 이루기 위해 선생님은 헬렌의 호기심을 이용했습니다. 선생님과 손바닥 글쓰기를 계속하면서 헬렌에게도 호기심이 생기기 시작했습니다. '도대체 선생님이 손바닥에 쓰는 게 뭐지? 선생님이 줬다 뺐었다 하는 물건과 무슨 관계가 있는 거지?' 하는 의문이 생긴 겁니다. 이 사실을 안 선생님은 헬렌이 말을 안 들을 때마다 손바닥 글쓰기를 중단했습니다. 그러면 호기심에 달뜬 헬렌이 고집을 꺾고 선생님의 말에 고분고분 따랐습니다.

이런 일이 반복되면서 헬렌은 점차 순한 양처럼 변했습니다. 손바닥에 글자를 쓰는 공부 시간은 점점 더 늘어났습니다. 인형을 만지게 한 뒤 인형(d-o-l-l)이라고 쓰고, 문을 여닫게 한 뒤 문(d-o-o-r)이라고 쓰는 식의 공부가 계속됐습니다. 그러던 어느 날, 인형을 들고 엄마에게 달려간 헬렌이 엄마의 손바닥을 펴고 d-o-l-l(인형)이라고 썼습니다. 또 d-o-o-r(문)이라고 쓰면서 문을 가리켰습니다. 엄마는 뛸 듯이 기뻤습니다. 몰라보게 순해진 딸이 이젠 글자까지 쓸 수 있게 됐으니까요.

그렇지만 이 당시 헬렌이 손바닥에 쓰는 글자의 의미를 제대로 안 것은 아닙니다. 아직 헬렌은 글자나 낱말 따위가 있는지조차 몰랐습니다. 모든 사물에 이름이 있다는 사실도 아직은 몰랐습니다. 인형을 보고 기계적으로 'd-o-l-l'이라고 쓰긴 썼지만, 그 글자가 인형을 가리키는 말이라고 아직 분명히 깨닫지는 못했습니다.

특히 우유가 담긴 컵처럼 우유와 컵이라는 두 사물이 함께 있을 경우, 이 두 가지를 분별하지 못했습니다. 거기에 '마시다'와 같은 움직임을 나타내는 말을 덧붙이면 더더욱 이해하지 못했습니다.

어느 날 선생님은 헬렌에게 우유가 든 머그잔을 쥐여 주고 머그잔(m-u-g)과 우유(m-i-l-k)라고 썼습니다. 그러나 헬렌은 두 단어를 거듭 혼동했습니다. 머그잔을 주면 우유(m-i-l-k)라고 썼다가 머그잔(m-u-g)이라고 썼다가 제 마음대로였습니다. 선생님이 자꾸 틀렸다고만 하자 짜증이 머리끝까지 솟구친 헬렌이 손에 든 도자기 인형을 집어던져 버렸습니다. 인형은 조각조각 깨졌고 선생님은 그 조각들을 주워 벽난로에 넣었습니다.

 선생님은 기분 전환도 할 겸 헬렌을 데리고 밖으로 나왔습니다. 우물가를 지나가는데 헬렌이 세수를 하고 싶다고 했습니다. 선생님이 길어 올린 물로 세수를 하던 헬렌은 얼굴을 차갑게 적시는 게 뭔지 알고 싶어졌습니다. 헬렌은 뭔가의 이름을 알고 싶으면, 그 물건을 가리키며 선생님의 손을 만졌습니다. 헬렌의 손바닥에 물(w-a-t-e-r)이라고 쓰던 선생님의 머리에 물을 통해 머그잔과 우유의 문제를 해결할 수 있겠다는 생각이 퍼뜩 스쳤습니다.

 선생님은 집 안에 들어가 머그잔을 들고 다시 나왔습니다. 헬렌에게 머그잔을 펌프 앞에 대라고 한 뒤 펌프로 물을 퍼 올렸습니다. 차가운 물이 쏟아져 머그잔을 채우자, 선생님은 머그잔을 잡지 않은 헬렌의 손에 물이라고 썼습니다. 그 단어가 차가운 물처럼 헬렌의 감각을 깨웠습니다. 헬렌은 머그잔을 땅에 떨어뜨리고 얼어붙은 것처럼 그 자리에 서 있었습니다. 그러고는 다시 손바닥에 물이라고 여러 차례 썼습니다.

 그 뒤 펌프와 울타리를 가리키며 뭐냐고 또 물었습니다. 선생님이 펌프, 울타리, 하고 답해 주자 다시 고개를 돌려 선생님을 가리켰습니다. 설리번 선생님은 선생님(t-e-a-c-h-e-r)이라고 써 주었습니다. 그때 마침 헬렌의 동생을 안은 유모가 우물가를 지나갔습니다. 선생

님이 아기(b-a-b-y)라고 헬렌의 손바닥에 써 주자 헬렌은 다시 아기라고 쓰고 유모가 안고 있는 아기를 가리켰습니다.

집으로 돌아온 헬렌은 무척이나 들떠 손에 닿는 모든 것의 이름을 묻고 익혔습니다. 몇 시간도 안 돼 헬렌은 열다, 닫다, 주다, 오다, 가다를 비롯한 수십 개의 단어를 익혔습니다. 1887년 4월 5일의 일입니다.

헬렌은 그때의 기억을 『내가 살아온 이야기』에서 이렇게 적었습니다.

물이 제 한 손 위에 쏟아지자 선생님은 제 다른 한 손에 물이라고 천천히 썼습니다. 저는 선생님의 손가락 움직임에 온 정신을 집중했어요. 바로 그때 잊어버렸던 어떤 것, 즉 생각이 되돌아오고 있다는 놀라운 사실을 어렴풋이 느꼈어요. 언어의 신비가 모습을 드러낸 것이죠. 물이라는 단어가 제 손 위로 흐르는 차가운 것을 뜻한다는 사실을 비로소 알게 됐습니다. '물!'이라는 살아 있는 단어가 제 영혼을 깨우고 빛과 사랑과 즐거움을 안겨 주고 영혼을 해방시켰습니다. 물론 아직 장벽이 남아 있습니다. 하지만 그 장벽도 언젠가는 사라질 것입니다.

우물가를 떠난 저는 모든 것을 배우겠다는 열망으로 가득 찼습니다. 모든 것은 이름이 있고, 그 이름은 새로운 생각을 낳았습니다. 집으로 돌아왔을 때 제가 만지는 모든 사물은 생명을 갖고 부르르 떠는 듯했습니다. 그것은 이제 제가 이전과는 다른 이 낯설고 새로운 시각으로 모든 것을 다시 보았기 때문입니다. 방에 들어서자 제가 부숴 버린 인형이 생각났습니다. 벽난로를 뒤지니 부서진 조각들이 나왔습니다. 인형 조각을 다시 붙이려 애썼지만 쓸데없는 일이었습니다. 제 눈에는 눈물이 가득 찼습니다. 제 잘못을 깨닫고 처음으로 후회하고 슬퍼했습니다.

그날 저는 많은 것을 배웠습니다. 일일이 다 기억할 순 없지만, 아마도 엄마, 아빠, 동생, 선생님 같은 단어들이었을 겁니다. 이 낱말들을 통해 비로소 세상이 제 앞에 새롭게 피어나기 시작했습니다. 그날 밤 저보다 더 행복한 아이는 이 세상에 없었을 겁니다. 기쁨에 들떠 빨리 내일이 왔으면 좋겠다고 생각했습니다.

이제 헬렌의 학습에 속도가 붙었습니다. 그러나 아직 낱말 하나하나의 뜻만 알았을 뿐입니다. 낱말과 낱말을 연결해 문장을 만드는 법은 알지 못했기에 복잡한 의사소통은 할 수 없었습니다.

선생님은 새로운 공부법을 써 보기로 했습니다. 처음 말을 배우는 아기들이 부모가 하는 말을 흉내 내면서 말을 배우는 것처럼 자신도 그렇게 하면 되겠다고 생각했습니다. 말 대신 손가락 글씨를 사용하는 것만 다를 뿐이었지요. 선생님은 우선 완전한 문장을 헬렌의 손바닥에 써 주었습니다. 그 가운데 헬렌이 모르는 단어가 있으면 몸짓이나 손짓으로 다시 설명해 주었습니다.

그런 방법을 쓰자 헬렌은 서서히 문장을 이해하고 자신의 의사를 표현할 수 있게 되었습니다. 아주 서서히 단순한 질문도 하기 시작했습니다. 이제 비로소 헬렌은 자기를 둘러싼 어둠에서 벗어나 새로운 삶을 향해 발을 내딛게 됐습니다. 새로운 세계에 눈을 뜨자 헬렌의 학습 속도는 말할 수 없이 빨라졌습니다. 새로운 것을 배우는 게 몹시 기쁜 나머지 공부를 너무 많이 해 병이 날 정도였습니다.

설리번 선생님은 친구들에게 보낸 편지에서 헬렌의 모습을 이렇게 이야기했습니다.

> 헬렌은 아침에 일어나자마자 손바닥에 글자를 쓰기 시작해요. 하루 종일 쉬지 않고 손바닥에 글쓰기를 계속합니다. 내가 말하지 않으려고 하면 헬렌은 자기 손에다 쓰면서 혼잣말을 계속합니다.

한때 친척들마저 짐승처럼 여기며 피했던 아이가 여덟 살짜리 어여쁜 소녀 헬렌으로 바뀌기 시작했습니다. 이제 막 빛도 소리도 없는 세계에서 벗어나기 시작한 헬렌에게 선생님이 손가락으로 빚어내 보여주는 세계는 생명 그 자체였습니다.

6. 즐거운 수업

설리번 선생님은 헬렌에게 우선 노는 법을 가르쳤습니다. 식탁 예절을 비롯한 버릇을 가르친 뒤엔 헬렌이 보지도 듣지도 말하지도 못하는 3중의 감옥에 사는 동안 잃어버린 놀이의 즐거움을 되살리는 일에 집중했습니다.

어느 날 선생님은 즐겁게 소리 내어 웃으면서 헬렌에게 자신의 얼굴을 만져 보라고 했습니다. 그리고 헬렌의 손바닥에 '웃다'라고 썼습니다. 그다음엔 헬렌의 겨드랑이를 간질였습니다. 헬렌이 데굴거리며 웃자 선생님은 다시 헬렌의 손에다 '웃다'라고 썼습니다. '웃다'라는 말을 알고 웃을 줄도 알게 된 헬렌은 선생님과 뛰기, 구르기, 흔들기 등을 함께 하면서 말을 익혀 나갔습니다.

헬렌과 놀이 겸 공부를 하면서 선생님은 헬렌이 몸을 마음대로 움직일 수 있는 곳에서 훨씬 잘 배운다는 사실을 알았습니다. 그래서 틈만 나면 헬렌을 데리고 야외로 나갔습니다. 나중에 선생님은 이때를 회상하며 길가나 들판 또는 테네시 강가야말로 헬렌과 자신의 행복한 교실이었다고 말하곤 했습니다.

들판은 온통 공부거리로 가득 차 있었습니다. 선생님은 들판을 거닐며 생김새와 향기로 꽃을 구별하는 법을 가르쳐 주었습니다. 나무 위에 올라가 숲에 사는 여러 동물과 식물의 이름을 알려 주기도 했습니다. 길을 가다가 들판에서 음매 하고 우는 소를 만나면, 선생님은 그 소를 만져 보게 했습니다. 돼지를 잡아 꽥꽥거리는 돼지의 몸을 손으로 만져 보게도 했습니다. 그렇게 해서 헬렌은 소가 얼마나 큰지, 파리를 쫓을 때 휘두르는 소꼬리는 얼마나 힘이 센지, 또 돼지의 코는 얼마나 뭉툭한지 알 수 있었습니다.

선생님은 헬렌과 함께 토끼와 비둘기를 길렀습니다. 헬렌에게 동물을 사랑하는 마음을 길러 주기 위해서였습니다. 언젠가 새장 문이 열려 비둘기가 방 안을 날아다녔습니다. 비둘기가 원을 그리며 날자 공기의 흐름이 바뀌었습니다. 헬렌은 공기의 흐름을 느끼면서 비둘기가 나는 모습을 상상했습니다. 비둘기가 헬렌의 어깨에 내려앉으면 비둘기의 부드러운 깃털에 얼굴을 대어 보기도 했습니다.

헬렌은 선생님이 모이를 주면 구구구 하며 달려들어 쪼아 먹는 비둘기의 모습이 신기했습니다. 자신도 모이를 주겠다고 나섰습니다. 그런데 며칠 뒤 그토록 아끼던 비둘기가 죽어 버렸습니다. 헬렌이 모이를 너무 많이 준 탓이었습니다.

"저 때문에 가엾은 비둘기가 죽었어요. 어떻게 하면 좋아요?"

헬렌은 울고 또 울었습니다. 선생님은 흐느끼는 헬렌을 위로하며 말했습니다.

"비둘기는 하늘나라에 가서 잘 살 거야. 너무 슬퍼하지 마. 앞으로 다른 비둘기에게는 모이를 알맞은 양만 주고 더 사랑해 주면 죽은 비둘기도 하늘나라에서 기뻐할 거야."

또 한번은 헬렌이 들에 나갔다가 잡아온 메뚜기를 막대기로 찌르기 시작했습니다. 노래를 부르라면서요. 메뚜기의 몸이 딱딱하니까 찔러도 아프지 않을 거라 생각한 것입니다. 이 모습을 보고 질겁한 선생님이 막대기를 빼앗은 뒤, 헬렌에게 말했습니다.

"헬렌, 메뚜기처럼 조그마하고 힘없는 생명체를 찌르면 안 돼. 막대기로 찌르면 메뚜기가 아파하고, 잘못하다간 죽을 수도 있어. 메뚜기에게 찔러서 미안하다고 말하고, 다시 부드럽게 만져 보렴."

"선생님, 정말 몰랐어요. 그리고 메뚜기야, 미안. 난 정말 그렇게 찌르면 네가 아픈 줄 몰랐단다. 다음엔 안 그럴게."

헬렌을 서커스장에 데리고 간 것도 선생님이었습니다. 보고 듣지는 못해도 동물들을 만져 보는 것만으로도 헬렌이 다른 아이들처럼 즐거워할 거라고 생각했기 때문입니다. 서커스단 단원들의 도움으로 헬렌은 곰과 악수하고, 코끼리 등에 올라타 보기도 했습니다. 기린의 기다란 목과 저 높은 곳에 달린 귀를 만져 보면서 자지러지게 웃기도 했습니다.

"선생님, 코끼리 코는 엄청 길어요. 크기도 굉장히 크고요. 그런데 기린은 왜 그렇게 목이 길어요? 기린 몸에는 어떤 무늬가 있나요?"

헬렌은 속사포처럼 선생님의 손에 질문을 써 댔습니다.

이런 놀이는 헬렌에게만 즐거운 일은 아니었습니다. 불우한 어린 시절을 보낸 설리번 선생님 역시 헬렌과 함께 지내면서 구빈원 생활로 인해 잃어버렸던 어린 시절을 보상받는 것 같았습니다.

이렇게 즐거움으로 가득 찬 수업을 통해 헬렌의 공부는 하루가 다

르게 발전했습니다. 어찌나 빨리 새로운 낱말을 익히고 새로운 개념을 만들어 가는지 선생님도 놀랄 정도였습니다. 선생님이 보기에 헬렌은 마음의 눈을 비비며 그 모든 것이 마치 옛날에 본 것인 양 받아들이는 듯했습니다.

뛰어난 기억력과 탐구심 덕분에 헬렌은 빨리 말을 익힐 수 있었습니다. 설리번 선생님이 퍼킨스 맹학교의 아나그노스 교장 선생님에게 1887년 6월에 보낸 보고서에 따르면 헬렌이 그때까지 익힌 단어는 400개나 됐습니다. 글자를 배우기 시작한 지 겨우 석 달밖에 안 됐는데 말이죠.

하루에 수십 개 이상의 새로운 단어를 가르쳐 준 뒤 다음 날 물어보면 틀리지 않고 거의 다 기억했습니다. 또 한 번 만난 사람을 잊는 법도 없습니다. 그 사람이 어떤 옷을 입었는지 무슨 이야기를 했는지 정확하게 기억할 정도입니다. 벌써 400개가 넘는 단어를 알고, 간단한 문장을 만들어 이야기할 정도가 됐답니다.

헬렌의 탐구심 역시 끝이 없었습니다. 무언가 궁금하면 끈질기게 물었습니다. 같은 해 8월 헬렌의 사촌인 레일라가 아기를 낳았습니다. 집에 새로운 아기가 있다는 것을 안 헬렌은 선생님에게 "아기는 어떻게 태어나요? 왜 조그만 아기들은 점점 자라게 되는 거예요?"라고 쉬지 않고 손 글씨로 물어 댔습니다. 아직 결혼도 안 했을 뿐더러 생물 지식도 많지 않던 선생님으로선 설명하기가 어려운 문제였습니다.

선생님은 곰곰이 생각하다가 두 사람이 가끔 찾아가던 나무로 헬렌을 데리고 갔습니다. 나무 위에 올라간 선생님은 나무의 일생에 관해서 이야기했습니다.

"나무에서 씨가 떨어져 흙 속에 묻히면 봄에 파릇한 싹이 난단다. 그 싹은 햇빛과 바람 그리고 물을 먹고 점점 자라나지. 그렇게 자란 나무는 다시 열매를 맺고, 열매가 떨어져 땅속에 들어간 뒤 다시 씨앗에서 싹이 트고, 그렇게 계속 나무들은 자라는 거야. 동물이나 사람이 태어나고 자라는 것도 마찬가지란다. 달걀에서 병아리가 되고 닭이 되듯이, 아기가 헬렌만 해졌다가 엄마나 선생님처럼 커지는 것이지."

어느 날 아침, 헬렌이 마당에 나갔다가 제비꽃을 따서 선생님에게 주었습니다. 선생님은 헬렌을 안아 준 뒤 헬렌의 손바닥에 "헬렌, 사랑해"라고 썼습니다. 헬렌이 선생님에게 물었습니다.

"선생님, 사랑이 뭐예요?"

선생님은 헬렌의 손을 끌어다 가슴 가까이 대고 "여기 있는 게 사랑이야"라고 답했습니다. 선생님의 말을 제대로 이해할 수 없었던 헬렌은 "사랑은 꽃처럼 달콤한 거예요?"라고 다시 물었습니다.

"아니."

그러자 헬렌이 태양이 있는 쪽을 가리키며 "그럼 이것이 사랑인가요?"라고 물었습니다.

선생님은 역시 아니라고 고개를 저었습니다.

며칠 후 헬렌은 크기가 다른 구슬을 큰 구슬 두 개, 작은 구슬 세 개 하는 식으로 실에 꿰고 있었습니다. 여러 차례 틀리다가, 꿰는 과정에서 뭔가 잘못 되었음을 깨달은 헬렌은 어떻게 하면 똑바로 꿸 수 있을까 생각하고 있었습니다. 이때 선생님이 헬렌의 이마를 건드리며 '생각해라(t-h-i-n-k)'라고 썼습니다. 갑자기 그 '생각하다'라는 단어가 지금 자신의 머릿속에서 이뤄지고 있는 일의 이름이라는 생각이 헬렌에게 스쳤습니다. 구체적인 물건이 아니라 머릿속에서 그려지는 생각을 나타내는 말을 처음으로 깨달은 것입니다.

생각하다란 말을 알게 된 헬렌은 사랑도 이런 것인지 모르겠다고 생각했습니다. 헬렌은 다시 선생님에게 묻기 시작했습니다.

"선생님, 그럼 사랑은 뭐예요?"

"사랑은 해가 나기 전 하늘에 있는 구름 같은 것이야. 너는 구름을 만져 볼 수는 없지만, 비가 오는 것을 느끼고 목마른 땅과 꽃이 비를 맞고 얼마나 즐거워하는지 알잖아. 그것처럼 우리는 사랑을 만질 순 없지만 모든 것 위에 쏟아지는 달콤한 사랑을 느낄 수는 있어. 사랑이 없으면 행복할 수도 놀고 싶지도 않을 거야."

이렇게 해서 헬렌이 첫 한 해 동안 익힌 단어는 900개나 됐습니다. 혼자 힘으로 간단한 편지를 쓸 수 있을 정도가 된 것입니다. 1888년 3

월 1일 헬렌은 이렇게 일기를 썼습니다.

　　일어나서 세수를 하고 머리를 빗었다. 이슬 맺힌 제비꽃 세 송이를 꺾어 선생님께 드리고 아침을 먹었다. 아침을 먹은 뒤 잠깐 인형 놀이를 했다. 낸시는 심술궂다. 심술이 나면 울고 발로 찬다. 책에서 크고 사나운 동물 이야기를 읽었다. 사나운 것은 더 심술궂고 힘이 세고 배가 많이 고프다. 저녁을 먹은 뒤 선생님과 침대에서 놀았다. 선생님은 나를 베개 밑에 묻었다. 나는 땅에서 나무가 자라는 것처럼 아주 천천히 기어 올랐다. 이제 자야겠다.

　선생님은 헬렌이 호기심을 갖고 물으면 어떻게든 답해 주려고 노력했습니다. 그때그때 헬렌에게 맞는 교수법을 찾기 위해서도 애를 썼습니다. 그래서 주기적으로 아나그노스 교장 선생님에게 헬렌의 공부 진도를 보고하고 그때그때 필요한 교수법을 묻기도 했습니다.
　설리번 선생님은 헬렌을 가르치기 위해 읽기를 많이 활용했습니다. 헬렌이 단어를 알아 가기 시작하자, 선생님은 마분지에 글자를 돋을새김한 카드를 만들어 주었습니다. 헬렌은 곧 그 글자들의 뜻을 이해하고 카드에 쓰인 단어와 단어를 연결해 문장을 만들었습니다. 예를 들어 인형을 침대 위에 올려놓고 '인형' '침대' '위에' '있다' 같은 단어가 쓰인 글자판을 순서대로 나열하는 것이었습니다. 이런 글자판

놀이는 곧 점자책 읽기로 발전했습니다.

　선생님은 고전으로 알려진 책을 헬렌의 손바닥에 글을 쓰는 방법으로 들려주었습니다. 호메로스의 『일리아스』와 『오디세이아』, 찰스 램의 『셰익스피어 이야기』, 셰익스피어의 훌륭한 작품들과 성경 등이었습니다. 또 좋은 시들을 통째로 외우게 했습니다. 시야말로 아름다운 언어의 보물 창고이자 상상력의 샘이니까요. 헬렌이 외운 시 가운데는 롱펠로 같은 유명한 시인의 작품도 있었습니다. 선생님은 고전과 아름다운 시를 통해 헬렌이 삶에 대한 올바른 생각을 배울 것이라

호메로스(기원전 800년~750년경 활동)
고대 그리스의 시인. 『일리아스』와 『오디세이아』를 쓴 이로 알려져 있다. 고대 그리스어로 쓰인 가장 오래된 기록문학인 이 두 작품은 후대의 사상, 문학, 교육에 이르기까지 큰 영향을 끼쳤다. 『일리아스』는 10년에 걸친 트로이 전쟁 가운데 마지막 해 50일 동안에 일어났던 사건을, 『오디세이아』는 오디세우스의 모험 이야기를 담고 있다.

찰스 램(1775~1834)
영국의 시인 겸 수필가. 런던에서 태어났다. 1807년에 펴낸 『셰익스피어 이야기』는 셰익스피어의 작품 가운데 20편을 가려 뽑아 누이 메리와 함께 다시 쓴 것이다. 지금도 소년소녀를 위한 책으로 널리 읽히고 있다.

셰익스피어(1564~1616)
영국의 극작가 겸 시인. 『로미오와 줄리엣』 『베니스의 상인』 『햄릿』 『리어왕』 『맥베스』 등 수많은 걸작을 남겼다.

롱펠로(1807~1882)
미국의 시인. 역사 이야기나 유럽 여러 나라의 민요를 옮기거나 고쳐 시로 표현하는 작품 활동을 많이 했다. 1839년 처음으로 시집 『밤의 소리』를 발표하여 유명해졌으며, 『민요 시집』 『에반젤린』 『인생의 찬가』 들을 썼다.

고 믿었습니다.

선생님은 헬렌에게 가장 빼어난 작품만을 들려주기 위해 먼저 책 전체를 꼼꼼히 읽었습니다. 등장인물과 주제를 완전히 이해하고 난 뒤에야 헬렌과 그 책을 함께 읽었습니다. 선생님의 이야기 속으로 빠져 들어간 헬렌은 끝없이 상상의 나래를 폈습니다. 때론 자신이 이야기의 주인공이 돼 먼 나라를 여행하며 모험하는 꿈을 꾸기도 했고, 때론 요정이 돼 공중을 날아다니기도 했습니다.

이런 공부를 통해 점점 더 많은 글자를 익히고 책 읽는 속도도 빨라지자, 헬렌은 이제 작품 전체를 혼자서 읽을 수 있게 되었습니다. 책 읽기의 기쁨에 점점 더 깊이 빠져들어 하루 종일 책을 붙들고 있다시피 했습니다. 사람들이 왜 그토록 책만 붙잡고 있냐고 물으면 헬렌은 이렇게 대답했습니다.

"책은 제가 보지 못하는 세계를 알려 주니까요."

7. 세계 8대 불가사의

이런 이야기들이 조금씩 알려지면서 헬렌은 점차 유명해졌습니다. 이렇게 된 데에는 특히 두 사람의 도움이 컸습니다. 한 사람은 퍼킨스 맹학교의 아나그노스 교장 선생님이고, 다른 한 사람은 알렉산더 그레이엄 벨 박사님이었습니다.

아나그노스 교장 선생님은 1888년에 『헬렌 켈러: 제2의 로라 브리지먼』이라는 제목으로 퍼킨스 맹학교 쉰여섯 번째 연간 보고서를 발간해, 헬렌을 세상에 소개했습니다.

교육을 받는 모든 시청각·언어 장애 어린이 가운데 헬렌 켈러는 가장 놀라운 어린이입니다. 헬렌을 하나의 현상이라고 말하는 것은 전혀 과장이 아닙니다. 역사상 헬렌과 같은 경우는 아직 없었습니다.

빠른 머리 회전, 예민한 관찰력, 생동감 넘치는 기질 등은 로라 브리지먼과 마찬가지입니다. 그러나 빠른 지각력, 아이디어를 이해해 내는 능력, 끊임없이 알고 싶어하는 욕구, 스스로 노력하는 힘, 부드러운 성격 등은 로라를 넘어섭니다.

헬렌은 선생님의 손가락을 통해 전해 받은 열쇠로 언어라는 보물 창고의 문을 활짝 열었습니다. 그리고 기쁨에 가득 차서 창고 속의 보물을 즐기고 있습니다. 이중으로 된 감옥의 바깥벽에 작은 틈이 나자마자, 헬렌의 정신적 능력이 산 채로 묻혀 있던 무덤의 문을 열고 나타난 것입니다.

아나그노스 선생님의 이 보고서는 큰 반응을 불러일으켰습니다. 신문들은 헬렌이 셰익스피어 작품을 읽는 사진이나 설리번 선생님과 대화하는 사진을 앞다투어 실으며 헬렌의 이야기를 대서특필했습니다. 열 살도 안 된 헬렌이 세계적인 유명 인사가 된 것입니다. 영국의 빅토리아 여왕을 비롯해 많은 사람들이 헬렌의 교육에 큰 관심을 보였습니다.

이후 헬렌에 대한 이런저런 글들이 쏟아져 나왔습니다. 그러나 헬렌을 다룬 글 가운데는 과장된 것도 꽤 있었습니다. '세계 8대 불가사의'라는 말이 그 대표적인 예였습니다. 이런 과장 보도들이 쏟아지자 설리번 선생님은 헬렌에 대한 지나친 관심을 경계했습니다. 언젠가 맹학교 선생님들의 모임에서 다음과 같이 연설을 하기도 했습니다.

"헬렌은 불가사의한 천재가 아닙니다. 아주 영리하고 사랑스러운 아이일 뿐입니다. 만나는 사람 누구나 헬렌을 사랑하지 않을 수 없는데, 그 까닭은 헬렌이 재능이 뛰어나서가 아니라 그 마음이 사랑스럽고 아름답기 때문입니다. 이토록 사랑스러운 마음을 지닌 헬렌과 함께 있는 것은 제겐 특권이라고 생각합니다. 그렇게 부드럽고 순수하고 사랑스러운 사람을 생각하는 것만도 행복하고 즐겁습니다. 헬렌의 곁에 있으면 아무리 거친 사람이라도 마음이 부드러워지고 다른 사람을 사랑하는 마음으로 가득 찬답니다."

실제로 그랬습니다. 헬렌은 영리했지만 그렇다고 천재는 아니었습니다. 지적인 능력보다는 다른 사람들의 아픔에 공감하는 능력이 헬렌의 장점이었습니다. 앞을 못 보고 듣지도 못하는 아픔이 있기에 어려운 처지에 있는 사람들의 아픔을 더 잘 이해할 수 있었습니다. 그래서 그들에게 도움되는 일이라면 무엇이라도 하려고 애를 썼습니다. 토미 스트링어라는 아이를 돕는 일에 나섰던 것이 그 좋은 예입니다.

1891년 여름방학 때, 헬렌은 펜실베이니아의 청각 장애 친구들을 만나러 갔습니다. 거기서 헬렌은 토미 스트링어라는 눈멀고 귀먹은 제 또래 소년에 관한 이야기를 들었습니다. 토미는 네 살 때 병에 걸려 헬렌처럼 시력과 청력을 잃었습니다. 그러나 헬렌과 달리 집이 너무나 가난해 교육을 받을 수 없었습니다. 헬렌은 토미의 처지가 무척 가슴 아팠습니다. 자신은 좋은 선생님을 만난 덕에 이 세상의 아름다움을 알게 됐는데 비슷한 또래인 토미는 여전히 깜깜한 어둠 속에 머물러 있으니까요.

헬렌은 퍼킨스 맹학교 아나그노스 교장 선생님에게 토미의 이야기를 했습니다. 교장 선생님은 헬렌이 학비만 모금해 준다면 토미를 학교에 받아들이겠다고 약속했습니다. 이 말이 떨어지자마자 헬렌은 토미를 돕기 위한 모금 활동에 나섰습니다. 우선 헬렌이 키우던 개 라이오니스가 죽었다는 소식을 듣고 다른 강아지를 사 주겠다고 약속한 사람들에게 편지를 썼습니다.

선생님, 라이오니스를 잃은 저를 위해 강아지를 사 주겠다고 해 주셔서 고맙습니다. 그런데 최근 토미라는 친구가 돈이 없어 공부를 못하고

있다는 이야기를 들었습니다. 토미도 저처럼 앞을 못 보는 친구입니다. 선생님께서 제게 주겠다고 한 돈을 토미에게 주시지 않겠습니까? 토미가 공부를 할 수 있다면 저는 강아지가 없어도 괜찮습니다.

편지를 받은 사람들은 헬렌의 착한 마음에 감동해 즉시 토미 기금을 만들었습니다. 헬렌은 이들 이외에도 여러 자선가에게 기부를 부탁하는 편지를 썼습니다. 신문에 토미를 돕자는 기고문도 보냈습니다. 학교를 찾아가 도움을 호소하는 연설을 하기도 했습니다. 헬렌은 하루에 여덟 통씩 꼬박 손으로 편지를 눌러썼습니다. 모두 간곡하게 토미의 상황을 설명하며 도움을 호소하는 내용이었는데, 그 가운데 어느 하나도 같은 내용이 없었습니다. 헬렌이 이렇게 애쓴 결과 토미의 1년 치 학비와 생활비가 마련됐고, 그 덕에 토미는 퍼킨스 맹학교에 들어가 공부할 수 있었습니다.

헬렌의 호소에 귀 기울인 사람 가운데 벨 박사님도 있었습니다. 벨 박사님은 헬렌의 부모님에게 아나그노스 교장 선생님을 소개함으로써 설리번 선생님과 헬렌을 이어 준 분이었습니다. 박사님은 다른 사람의 아픔에 공감하고 헌신적으로 나서는 헬렌의 아름다운 마음에 크게 감동받았습니다. 친구들에게 "내가 만난 어떤 사람보다 이 아이가 신에 더 가까운 것처럼 느껴진다"고 말할 정도였습니다.

그러나 벨 박사가 헬렌에게 각별한 관심을 가진 계기는 이보다 훨씬 전, 헬렌으로부터 이런 편지를 받은 뒤였습니다.

> 벨 선생님께
>
> 선생님께 편지를 쓰게 돼 기쁩니다. 아빠가 사진을 보내 드릴 겁니다. 저는 아빠와 워싱턴으로 선생님을 뵈러 갔지요. 전 선생님의 시계를 가지고 놀았어요. 전 선생님이 좋아요. 워싱턴에서는 의사 선생님도 만났어요. 의사 선생님은 내 눈을 보았어요. 전 책을 읽을 수 있어요. 저는 글자를 쓸 수 있고 셈도 할 수 있어요. 괜찮은 아이죠? 제 동생은 걸을 수도 달릴 수도 있어요. 우리는 점보를 데리고 놀아요. 프린스는 착한 개가 아니에요. 그 개는 새도 잡지 못해요. 쥐가 새끼 비둘기를 죽였어요. 안됐어요. 쥐는 잘못을 몰라요. 저랑 엄마와 선생님은 6월에 보스턴에 갈 거예요. 거기서 시각 장애를 가진 아이들을 만날 거예요. 낸시도 같이 갈 거예요. 낸시는 착한 인형이에요. 아빠가 제게 예쁜 시계를 사 줄 거예요. 사촌인 안나가 예쁜 인형을 줬어요. 인형의 이름은 낸시예요.
>
> 안녕히 계세요.
>
> 헬렌 켈러

헬렌은 이 편지를 설리번 선생님과 공부를 시작한 지 1년도 채 안 된 1887년 11월 어느 날에 썼습니다. 일찍이 이런 편지를 받았던 터라, 벨 박사님은 아나그노스 교장 선생님이 쓴 헬렌에 대한 보고서를 믿어 의심치 않았습니다. 청각장애인 교육에 관심이 많던 벨 박사님은 사람들이 헬렌에게 관심을 갖자 무척이나 기뻤습니다. 그런 관심이 청각장애인을 비롯한 장애인들의 교육을 발전시키는 데 큰 도움이 되리라고 생각했기 때문입니다.

벨 박사님은 설리번 선생님이 헬렌을 가르치는 방법에도 관심을 가졌습니다. 설리번 선생님은 문장 전체를 가르치고 잘 모르는 단어의 뜻을 전체 문장의 흐름에서 파악하게 한다고 설명했습니다. 그 방법은 들을 수 있는 비장애아들이 언어를 배우는 방식과 다를 바 없었습니다. 장애인도 비장애인과 같은 방식으로 언어를 배울 수 있음이 증명된 셈입니다. 벨 박사님도 같은 생각이었기에 헬렌의 성취를 기적이라기보다는 아주 성공적인 실험이라고 생각했습니다. 벨 박사님은 이후 평생 동안 든든한 후견자가 되어 헬렌과 함께 장애인의 처지를 개선하기 위해 노력했습니다.

특히 벨 박사님의 인품은 헬렌에게 큰 영향을 주었습니다. 설리번 선생님은 융통성이 없는 데다 자존심까지 강해 의견이 다른 사람들과 타협하는 법이 없었습니다. 또한 다른 사람과의 논쟁에서 지는 일은 죽기보다 싫어하는 성격이었습니다. 반면 벨 박사님은 다른 의견을 제시하는 사람에게 "내가 미처 생각하지 못한 부분이 있는 모양입니다. 다시 잘 살펴보도록 하지요. 당신 말이 옳을지도 모르니까요"라고 말할 만큼 여유 있는 사람이었습니다. 헬렌은 벨 박사님과 만나면서 이런 너그러움을 배웠습니다.

8. 말하기를 배우다

한편 1890년 3월, 헬렌은 로라 브리지먼을 가르쳤던 메리 스위프트 램슨 선생님으로부터 놀라운 소식을 들었습니다. 스칸디나비아에서 막 돌아온 램슨 선생님은 노르웨이에서 헬렌처럼 귀먹고 눈먼 2중 장애를 가진 어린이가 입으로 말하는 법을 배우는 모습을 보았다고 전했습니다.

어떻게 해서든 다른 사람들처럼 소리 내어 말하고 싶었던 헬렌은 설리번 선생님에게 말하기를 배우게 해 달라고 졸랐습니다. 설리번 선생님은 헬렌이 말하는 법을 배우는 것을 별로 탐탁지 않게 생각했습니다. 소리를 듣지 못하는 청각장애인들의 목소리가 대체로 아름답지 않았기 때문입니다. 그러나 헬렌이 그토록 간절히 원하는데 모르는 척할 수가 없었습니다. 여러 곳에 수소문해 보스턴에 있는 호러스맨 농아학교의 세라 풀러* 교장 선생님이 말하는 법을 가르친다는 사실을 알아냈습니다. 그리고 헬렌과 함께 찾아갔습니다.

하지만 청각장애인이 말하기를 배우는 것은 여간 어려운 일이 아닙니다. 제대로 사용하지 않던 목소리를 내는 일도 어려웠지만, 듣지도 못하는 소리를 식별해 내는 일은 더욱 힘들었습니다. 남들처럼 말하고 싶다는 간절한 열망이 없다면 결코 가능한 일이 아닙니다.

풀러 선생님은 헬렌의 손을 자신의 얼굴에 가볍게 올려놓았습니다. 그리고 자신이 소리를 낼 때 혀와 입술이 어디에 있는지 헬렌이 느껴 보도록 했습니다. 헬렌은 열심히 풀러 선생님의 움직임을 따라해 한 시간 만에 알파벳 M, P, S, A, T, I의 발음을 익힐 수 있었습니다. 몇 시간을 더 애쓴 끝에 헬렌은 "날씨가 너무 덥다"라는 문장을 말할 수 있었습니다.

그러나 설리번 선생님이나 풀러 선생님 이외의 사람들은 헬렌의 말을 아직 잘 알아들을 수 없었습니다. 그렇지만 헬렌은 절망하지 않았습니다. 자신이 내는 소리는 아름답지 않고 발음도 정확하지 않았지만, 그래도 다른 사람들과 마찬가지로 말을 할 수 있다면 또 하나의 감옥에서 벗어날 수 있으리라는 생각에 힘을 냈습니다.

풀러 선생님과 열한 번의 수업을 마친 뒤에는 설리번 선생님이 직접 헬렌에게 말하기를 가르쳤습니다. 어떤 때는 목젖의 움직임을 확인하기 위해 설리번 선생님의 입안에 손가락을 집어넣어 보기도 했습

세라 풀러(1836~1927)
교육자. 미국 매사추세츠 주 웨스턴에서 태어났다. 알렉산더 그레이엄 벨의 청각 장애인을 위한 교육 방법에 영향을 받고 이를 더욱 발전시켜 청각 장애를 겪는 사람들에게 말하는 방법을 가르치며 이와 관련한 책도 펴냈다.

니다. 하지만 손가락 감각에만 의지해서 입술과 혀의 위치를 알아내고, 또 그대로 흉내 내서 정확한 소리를 내는 일은 어렵기 그지없었습니다. 한 단어를 제대로 발음하기 위해 몇 시간을 허비하기도 했습니다. 그래도 헬렌의 발음은 쉽사리 나아지지 않았습니다.

 말하기를 배우면서 헬렌은 다른 사람이 하는 말을 읽는 법도 배웠습니다. 정확한 소리를 알아내기 위해서는 가운뎃손가락은 말하는 사람의 코에, 집게손가락은 입술에, 그리고 엄지손가락은 목에 대어 소리가 날 때 일으키는 떨림의 차이를 예민하게 구별해야 했습니다.

 그럼에도 불구하고 헬렌은 어린 동생과 말로 대화할 수 있다는 생각으로 밤낮 없이 발성 연습을 하는 데 전념했습니다. 그런 노력 덕택에 헬렌은 아주 간단한 말을 소리 내서 할 수 있었습니다.

 이날 헬렌은 풀러 선생님에게 이렇게 편지를 썼습니다.

 오늘 아침 제 가슴은 기쁨으로 가득해요. 새로운 단어를 많이 배웠고, 몇몇 문장을 만들 수도 있기 때문입니다. 어젯밤 전 마당에 나가 달에게 말을 걸었어요. "오, 달님. 이리 와 봐요"라고요. 제가 말을 걸 수 있게 된 것을 달이 기뻐했을까요? 엄마는 얼마나 기뻐하실까요! 엄마와 사랑하는 동생 밀드레드에게 말을 걸고 싶어 6월까지 기다릴 수 없을 지경이에요. 밀드레드는 내가 손가락으로 글자를 써도 알지 못했지만, 이제 내가 무릎에 안고 많은 이야기를 해 준다면 좋아할 거예요.

이제 저는 말하고 아마도 노래도 할 수 있을 테니 작은 새처럼 행복합니다. 저의 모든 친구들이 깜짝 놀라며 기뻐할 거예요.

말을 하고 싶다는 열망이 이토록 컸던 탓에 헬렌은 끊임없이 연습했습니다. 연습은 더할 수 없을 만큼 긴장의 연속이었습니다. 조금만 긴장을 늦춰도 혀와 입술과 목의 섬세한 움직임을 정확하게 읽을 수 없어 발음이 틀리기 때문입니다. 계속된 긴장 탓인지 헬렌의 건강은 갈수록 나빠졌습니다. 공부를 모두 마치고 집으로 돌아갔을 때는 거의 쓰러질 지경이었습니다. 그런데도 헬렌은 가족들 앞에서 떨리는 목소리로 말하기 시작했습니다.

"엄마, 아빠, 안녕하셨어요. 저는 잘 다녀왔어요. 밀드레드, 언니 보고 싶었지?"

이렇게 간단한 말이었지만, 어머니 눈에는 눈물이 고였습니다. 힘겹게 한 단어 한 단어 말하는 헬렌의 모습을 보면서 어머니의 머릿속에는 두 살도 채 안 돼 말을 잃어버린 뒤 자신의 뜻을 전달하지 못해 울부짖던 헬렌의 모습이 떠올랐습니다. 그런 헬렌이 이제는 이렇게 입으로 말할 수 있다니 믿기지 않았습니다. 동생은 언니를 붙잡고 빙글빙글 춤을 추며 기뻐했습니다.

하지만 헬렌의 말하기 실력은 들인 노력에 비해 그렇게 훌륭하지는 못했습니다. 발음이 정확하지 않고 목소리도 거칠었습니다. 나중에 보스턴 음악학교의 성악 교사인 찰스 화이트 선생님에게 말하기 수업을 받으면서, 헬렌은 풀러 선생님과의 말하기 수업 때문에 제대로 말할 수 있는 기회를 영영 잃어버렸음을 알았습니다.

　자신처럼 오랫동안 목소리를 내지 않았던 사람은 먼저 발성기관을 발전시킨 다음에 발음을 정확히 하는 법을 배워야 했던 겁니다. 그런데 발성기관이 제대로 발전하지 못한 상태에서 정확한 발음에만 집착했으니 발성기관을 발전시킬 기회를 잃어버린 것이지요. 이 때문에 헬렌은 소리 내어 말하기를 그토록 소망했지만 나중까지 말하기에 어려움을 겪습니다. 그렇다고 헬렌이 좌절에 빠진 것은 아닙니다. 다음은 헬렌이 나중에 『내가 살아온 이야기』에서 한 말입니다.

　　저의 말소리는 힘겹게 나왔고 다른 사람이 듣기에도 좋지 않았지만, 말할 수 있다는 것은 큰 기쁨이었어요. 반쯤 묶여 있던 생각은 이제 더 이상 손가락 글자의 사슬에 묶여 있지 않아도 됐습니다. 낱말과 낱말이 나타내는 생각이 점점 빨리 떠오르면서 사슬은 끊어졌고, 저의 혀는 생각에 맞춰 움직이는 일을 점점 더 빨리 배워 갔습니다.

　발음이 정확하지 않고, 목소리 역시 갈라져서 거칠었지만 헬렌은 필요한 경우엔 용기를 내서 대중 강연에 나서기도 했습니다. 사람들은 힘겹게 이어지는 헬렌의 말을 들으며 장애를 넘어서기 위한 노력이 얼마나 힘겨운지 알 수 있었고, 그래서 오히려 더 경의를 표했습니다.

9. 표절 파동

　헬렌은 1888년 설리번 선생님과 함께 퍼킨스 맹학교를 방문한 이래 해마다 겨울이면 보스턴에 가서 지냈습니다. 아나그노스 교장 선생님은 헬렌을 친딸처럼 아끼며 사랑해 주었습니다. 헬렌도 교장 선생님을 무척이나 좋아했습니다.
　1891년 11월, 아나그노스 교장 선생님의 생일을 맞아 헬렌은 자신이 쓴 이야기를 생일 선물로 보냈습니다. 이야기의 제목은 「서리 왕」이었는데, 사철 눈으로 뒤덮인 북극의 아름다운 성에 사는 서리 왕에 관한 동화였습니다. 이 이야기를 재미있게 읽은 아나그노스 교장 선생님은 이것을 퍼킨스 맹학교 동창회보와 맹인을 위한 잡지인 『굿선 가제트』에 실었습니다. 잡지 편집자들은 헬렌의 이야기가 문학사상 비교할 수 없을 정도로 뛰어난 이야기라고 치켜세웠습니다.
　그러나 얼마 후, 헬렌의 이야기가 마거릿 캔비가 쓴 「서리 요정들」과 너무나 흡사하다는 이야기가 나돌았습니다. 당황한 아나그노스 교장 선생님은 헬렌을 불러 어떻게 된 일인지 캐물었습니다. 헬렌은 겁에 질려 떨며 말했습니다.

"선생님, 그 이야기는 제가 지은 것이고 캔비 선생님의 책을 읽은 기억이 없어요."

1892년 1월 하순 어느 날에 쓴 헬렌의 일기를 보면 이 사건 때문에 헬렌이 얼마나 당황했는지 또렷하게 드러납니다.

어떤 사람이, 내가 아나그노스 교장 선생님에게 생일 선물로 써 드린 이야기가 내가 쓴 게 아니고 오래전 다른 선생님이 쓴 「서리 요정들」이라고 했단다. 나는 그 이야기에 관해 들어 본 적도 없다. 사람들이 나와 선생님을 거짓말쟁이에다 나쁜 사람들이라고 생각할까 봐 걱정이다. 그 생각만 하면 눈물이 난다. 나는 정말 거짓말을 싫어하고 아름다운 진실만을 좋아하는데……

내가 그 이야기를 생각한 것은 가을이다. 숲 속을 거닐고 있을 때 선생님이 단풍 든 잎에 대해서 이야기하는 것을 듣고 생각한 이야기다. 나는 요정들이 나뭇잎에 물을 들인다고 생각했고, 서리 왕은 그 아름다운 단풍잎을 보물 상자에 담아 둔다고 생각했다. 선생님께서 나뭇잎이 루비 색, 에메랄드 색, 황금색, 진홍색, 갈색으로 물들었다고 말하셨기 때문에.

설리번 선생님도 헬렌에게 이 책을 읽어 준 적이 없었습니다. 어떻게 이런 일이 일어났는지 여러 방면으로 알아본 결과, 설리번 선생님의 사감 선생님이던 홉킨스 부인 댁에 헬렌과 함께 머물렀을 때, 홉킨스 부인이 헬렌에게「서리 요정들」을 읽어 준 적이 있다는 사실이 밝혀졌습니다.

이 일로 소동이 벌어지자 퍼킨스 맹학교에서는 조사 위원회가 꾸려졌습니다. 여덟 명의 조사 위원들은 헬렌과 설리번 선생님을 불러 조사를 시작했습니다. 먼저 선생님이 조사를 받았습니다. 선생님은 헬렌이 창작과 모사를 구별하는지 잘 모르겠다고 답했습니다. 자신이 독창적으로 만들어 낸 이야기와 다른 사람의 이야기를 듣고 흉내 내는 일의 차이를 명확하게 알고 있는지 확실하지 않다는 뜻이었습니다.

선생님이 이야기를 마치고 자리를 뜨자 헬렌은 혼자 남아서 조사 위원 여덟 명의 질문에 답해야 했습니다. 열한 살밖에 안 된 어린 헬렌은 쏟아지는 질문의 의미도 제대로 알 수 없었습니다. 『내가 살아온 이야기』에 기록된 조사 받던 날의 상황을 보면 그들이 얼마나 혹독하게 다그쳤는지 짐작이 갑니다.

몇몇 조사 위원들은 저더러「서리 요정들」을 읽고 그 이야기를 베껴 썼다는 것을 인정하라고 강요하는 것 같았습니다. 모든 질문이 저에 대한 의심으로 가득 차 있었습니다. 사랑하는 선생님들이 나를 무섭게 쳐다보는 것만 같았고, 저는 무서워서 예, 아니오 말고는 한 마디도 하기 어려웠습니다. 가슴이 두방망이질을 했고, 내가 정말 엄청난 잘못을 저지른 것만 같았습니다. 그날 조사가 끝난 뒤, 밤에 침대에 누워서 계속 울었습니다. 아침이 되기 전에 내가 죽어 있었으면 좋겠다고 생각했습니다.

결국 위원회는 헬렌에게 잘못이 없다고 결론 내렸습니다. 그렇지만 왜 맹학교 선생님들이 그토록 가혹하게 헬렌을 다그쳤는지는 정말 이해하기 어려운 일이었습니다. 오히려 「서리 요정들」을 쓴 캔비 선생님은 "헬렌, 걱정하지 마라. 언젠가 네 혼자 힘으로 멋진 이야기를 지어내 많은 사람에게 위안과 도움을 줄 수 있을 거야"라며 헬렌을 위로했는데 말입니다.

설령 헬렌이 그 이야기를 의도적으로 베꼈다고 해도 겨우 열한 살밖에 안 된 헬렌에게 맹학교 선생님들이 한 행동은 지나쳤습니다. 그들 멋대로 헬렌에게 용감하게 장애를 극복한 천재라는 이미지를 만들어 학교 이름을 높이는 데 이용해 놓고는, 그것이 깨질까 봐 헬렌을 가혹하게 대한 것이 아닌가 싶습니다.

그러나 나중에도 이와 비슷한 일들은 종종 벌어졌습니다. 장애를 극복한 여성으로 헬렌을 높이 받들다가도 자신들의 뜻에 조금만 맞지 않거나 실수를 하면 장애인이어서 그렇다고 손가락질하면서 순식간에 등을 돌리는 사람도 많았습니다. 비장애인들의 장애인에 대한 편견은 그토록 뿌리 깊었습니다.

새로운 삶을 향한 도전

서리 왕 사건은 헬렌에게 큰 상처를 주었습니다. 그 뒤 여러 해 동안 헬렌은, 글을 쓸 때면 그것이 자신이 생각한 이야기인지 아니면 다른 책에서 읽은 글인지 몇 번이나 확인하는 버릇이 생겼습니다. 설리번 선생님의 격려가 없었더라면 결코 다시 글을 쓸 엄두를 내지 못했을 정도였습니다.

10. 최초의 시각장애인 대학생

이런 일이 있은 지 얼마 뒤, 헬렌과 선생님은 존 라이트와 토머스 휴메이슨으로부터 뉴욕에서 청각장애인에게 구화를 가르치는 학교를 열 생각이라는 이야기를 들었습니다. 두 사람은 학교에서 활용하려는 교수법으로 헬렌의 구화▪ 실력을 정상적으로 만들 수 있다고 말했습니다. 설리번 선생님은 장애아를 특수학교가 아닌 일반 학교에서 가르쳐야 한다고 생각했지만, 헬렌의 구화 실력이 늘기를 바라는 마음에서 이 학교에 보내기로 했습니다.

헬렌이 뉴욕의 청각 장애아 학교인 라이트-휴메이슨 학교에 들어간 것은 1894년입니다. 학교에서 헬렌은 지리, 프랑스어, 독일어, 수학

▎**구화**(口話)
농아들이 다른 사람이 말하는 입술 모양 따위를 보고 알아듣고, 자기도 소리 내어 말하는 일.

같은 과목을 배웠습니다. 또 이 무렵 헬렌은 타자기 치는 법도 배워 공부하는 데 많은 도움을 받았습니다. 그렇지만 그 학교에는 청각 장애 학생만 있을 뿐 헬렌처럼 시각 장애까지 있는 학생은 단 한 명도 없었습니다. 그러다 보니 헬렌은 다른 또래 친구들과 잘 어울릴 수 없었습니다. 시각 장애까지 겹친 까닭에 친구들과 소통하는 일이 어렵기도 했지만, 헬렌이 이미 너무 유명해져 친구들이 쉽사리 헬렌에게 다가가지 못한 탓도 있었습니다.

또래 친구는 없었지만 헬렌에게는 유명 인사 친구는 많았습니다. 대표적인 분이 벨 박사님이었지요. 헬렌이 서리 왕 사건으로 어려움을 겪었을 때, 박사님은 여러모로 헬렌을 위로해 주었습니다. 또 다른 자선 사업가나 유명 인사 들을 소개해 경제적 도움을 주기도 했고요. 이렇게 해서 가까워진 사람 가운데 오랫동안 헬렌을 돕는 친구로 남은 사람도 많았습니다. 그 가운데 한 사람이 마크 트웨인▋이란 필명으로 더 유명한 새뮤얼 클레멘스입니다.

프린스턴에서 열린 어느 모임에서 클레멘스 선생님은 헬렌을 소개

마크 트웨인(1835~1910)
『톰 소여의 모험』『허클베리 핀의 모험』『왕자와 거지』 들을 쓴 미국 소설가. 본래 이름은 새뮤얼 랭혼 클레멘스이고 마크 트웨인은 필명이다. 사실적이고 유머와 풍자가 넘치는 문학 작품을 많이 썼으며 반전 운동에 활발히 참여하였다. 헬렌 켈러가 경제적인 어려움을 겪을 때 도움을 주었으며 알렉산더 그레이엄 벨과 함께 헬렌의 든든한 지원자가 되어 주었다.

받았습니다. 클레멘스 선생님은 유명한 사람들을 만나도 웬만해서는 감동을 받지 않는 좀 괴팍한 사람이었습니다. 헬렌은 클레멘스 선생님을 보자마자 "안녕하세요, 클레멘스 선생님. 그런데 선생님은 왜 필명을 마크 트웨인이라고 정하셨나요?"라고 말을 걸었습니다.

선생님은 깜짝 놀랐습니다. 헬렌 같은 시청각장애인이 필명이란 말을 아는 것도 놀라운데 그것을 프랑스어로 말했으니까요. 그뿐만이 아니었습니다. 『톰 소여의 모험』이나 『허클베리 핀의 모험』 같은 선생님의 유명한 작품에 대해서도 줄줄 이야기하는 것이었습니다. 곁에 있던 설리번 선생님이 "클레멘스 선생님 작품의 특징은 뭐니, 헬렌?" 하고 묻자, 헬렌은 "유머와 재치가 번득이고 지혜가 있는 거예요"라고 답했습니다.

헬렌에게 점차 흥미를 느낀 클레멘스 선생님은 헬렌과 설리번 선생님과 더불어 한참이나 즐겁게 이야기를 나눴습니다. 그 뒤 다른 쪽에서 헬렌을 부르자, 헬렌은 누군가로부터 받은 제비꽃을 클레멘스 선생님 코트의 단춧구멍에 꽂아 주었습니다.

그 뒤로 클레멘스 선생님은 헬렌이야말로 일생에 만난 가장 뛰어난 여성이라고 칭찬하곤 했습니다. 두 사람의 우정은 이후로도 계속 이어져 클레멘스 선생님은 평생 헬렌의 옹호자가 됐습니다. 언젠가 친구가 헬렌의 삶이 너무 지루하고 무미건조하다고 비판하자, 이렇게 쏘아붙일 정도였습니다.

"당신은 정말 잘못 알고 있는 겁니다. 눈이 먼 것은 아주 흥미진진한 일이죠. 잘 모르겠다면, 깜깜한 밤중에 잠에서 깨어 보니 집에 불이 붙어 있는데, 침대 반대편으로 일어나 문을 찾는다고 생각해 보세요."

 클레멘스 선생님이 헬렌을 이토록 아낀 것은 자신의 슬픈 삶 때문이기도 했습니다. 선생님은 동생이 스무 살 젊은 나이에 증기선 폭발 사고로 불에 타 죽는 일을 겪었습니다. 그리고 첫아이는 디프테리아라는 병으로 잃었습니다. 첫아이를 잃은 뒤 둘째 딸을 온 마음과 힘을 다해 키웠지만, 그 아이마저 병으로 잃었습니다. 이런 시련을 겪고 마음에 큰 상처가 남은 선생님은 헬렌을 보면서 자신의 고통을 다독일 수 있었습니다. 친자식들보다도 헬렌을 더 사랑한다는 소리까지 들을 정도였으니 헬렌에 대한 사랑이 얼마나 극진했는지 짐작할 만하지요.

 헬렌이 대학에 갈 때 경제적 도움을 준 것도 선생님이었습니다. 어린 시절부터 헬렌은 대학에 가고 싶다는 꿈이 있었습니다. 그것도 세계적 명문 대학인 하버드 대학에 가고 싶었습니다. 자신처럼 3중의 장애를 가진 사람이 명문 대학에 들어간다면 다른 많은 장애인들에게 힘이 되리라고 여겼기 때문입니다. 그러나 당시 하버드 대학은 여성들의 입학을 허락하지 않았습니다. 하버드 대학에 가고 싶다면 그 부설 여자대학인 래드클리프에 들어가는 수밖에 없었습니다. 그러나 래드클리프 대학에 가는 것도 쉽지 않았습니다.

 당시에는 대학에 가는 여성들을 좋지 않게 생각했습니다. 사람들은 대학 교육을 받은 여성들은 냉정하고 잘난 척이 심해 시집도 못 갈 것이라고 여겼습니다. 이런 분위기를 아는 헬렌의 아버지는 딸을 말렸습니다. 더군다나 아버지는 사업 실패로 빚을 많이 져서 헬렌의 학비를 부담할 형편도 못 됐습니다. 이런 사정을 알게 된 클레멘스 선생님이 나섰습니다. 우선 아버지를 설득했습니다.

"아버님, 헬렌의 장래에 대해 걱정하시는 마음은 이해합니다. 그렇지만 헬렌은 이제 단순히 아버님만의 딸이 아닙니다. 전 세계 장애인을 대표하는 사람이 됐습니다. 헬렌이 대학을 간다는 것은 장애인의 대표로서 가는 것입니다. 헬렌이 계획대로 대학을 마친다면 다른 모든 장애인이 새로운 삶을 꿈꾸고 희망을 가질 수 있지 않겠습니까?"

클레멘스 선생님의 간곡한 설득에 아버지의 마음이 움직였습니다. 경제적 문제만 해결된다면 대학에 가는 것을 반대하지 않겠다고 했습니다. 아버지의 허락을 받아 낸 클레멘스 선생님은 헬렌의 학비를 마련하기 위해 아는 이들에게 도움을 청했습니다. 스탠더드 오일의 헨리 로저스 회장 부인에겐 이렇게 편지를 썼습니다. 부인은 클레멘스 선생님이 경제적 위기로 파산했을 때도 도움을 줬던 분입니다.

부인, 저는 눈멀고 귀먹은 헬렌 켈러란 아이를 위해 이 글을 씁니다. 이 놀라운 아이가 가난 때문에 공부를 하지 못한다면 미국을 위해서도 결코 좋은 일이 아닙니다. 대학에 가서 공부를 한다면 이 아이는 역사에

길이 남을 인물이 될 것입니다. 제가 보건대, 이 아이는 세상을 통틀어 가장 비범한 아이입니다.

　이렇게 강력한 클레멘스의 호소를 아무도 거절할 수 없었습니다. 공부하는 여성을 좋아하지 않는 사회 분위기와 학비 문제를 넘어서니 헬렌의 장애가 또 다른 어려움으로 등장했습니다. 우선 대학 입학시험을 준비하는 일부터가 큰 문제였습니다. 헬렌과 같은 장애인에게 입시 교육을 할 학교가 없었습니다. 그렇다고 그냥 주저앉을 수는 없었습니다. 대학 입학시험 준비를 위해 헬렌은 케임브리지 여학교에 지원했습니다. 이 학교 교장인 아서 길먼 선생님은 헬렌이 대학 입학시험 준비를 하는 것은 무리라고 생각했습니다. 하지만 주변에서 하도 간곡하게 부탁하니 한번 해 보자고 용기를 냈습니다.

　마침내 1896년 10월에 헬렌에게 여학교 입학 허가가 나왔습니다. 6개월 뒤, 헬렌의 여동생 밀드레드도 이 학교에 입학했습니다. 열여섯 살에 헬렌은 태어나서 처음으로 자기 또래의 비장애인 소녀들 틈에 섞이게 됐습니다. 그러나 그 소녀들 가운데 수화를 아는 친구는 거의 없었습니다. 때론 함께 공놀이를 하고 눈싸움도 했지만 또래 친구들을 사귀지는 못했습니다. 헬렌의 외로움은 더욱 짙어졌습니다.

　외로움을 잊기 위해서라도 헬렌은 공부에 매달렸습니다. 헬렌이 처음 이 학교에 입학했을 때 길먼 선생님은 대학 입시 준비에 5년은 걸

릴 거라고 했습니다. 그러나 처음 1년 동안 헬렌이 좋은 성적을 내자 길면 선생님은 1년을 단축해 4년 만에 졸업할 수 있게 해 주었습니다. 첫해 좋은 성적을 낸 헬렌은 이듬해에는 그만한 성적을 내지 못했습니다. 수학 때문이었습니다. 설리번 선생님은 이 문제를 해결하기 위해 헬렌을 밤낮으로 채찍질했습니다. 문제를 다 풀지 못하면 잠도 재우지 않았습니다. 헬렌은 쉴 틈도 없이 공부에만 매달려야 했고 건강도 나빠졌습니다.

길면 선생님은 이런 헬렌이 너무 안타까웠습니다. 설리번 선생님이 헬렌을 지나치게 다그친다고 생각했습니다. 길면 선생님은 헬렌의 어머니에게 이 사실을 알리고 설리번 선생님을 헬렌과 떼어 놓는 게 좋겠다고 권했습니다. 어머니도 헬렌을 너무 혹사시키는 설리번 선생님이 야속했습니다. 그래서 설리번 선생님 대신 길면 선생님을 헬렌의 후견인으로 정하고 설리번 선생님과 헬렌을 떼어 놓으려 했습니다.

어머니로부터 헬렌 곁을 떠나 달라는 말을 들은 설리번 선생님은 하늘이 무너지는 것 같았습니다. 10여 년 동안 헬렌만을 위해 살아온 선생님에게 헬렌과 헤어지는 일은 상상조차 할 수 없는 일이었으니까요. 헬렌과 함께 지내던 집을 나온 선생님은 찰스 강변을 거닐다가 강물에 뛰어들 생각까지 했습니다. 헬렌과 헤어지느니 차라리 죽는 게 나을 것만 같았습니다.

그러나 강물 속으로 한 발 한 발 들어가던 선생님 눈앞에 자신이 사라진 것을 알고 울부짖을 헬렌의 모습이 떠올랐습니다. 헬렌을 가장 잘 돌볼 사람은 자신밖에 없다는 생각도 들었습니다. 아직 어린 헬렌을 두고 이렇게 떠나는 것은 비겁한 일이라 여겨졌습니다. 선생님은 다시 마음을 다잡고 되돌아섰습니다. 그리고 서둘러 헬렌에게로 돌아갔습니다.

헬렌은 어머니가 자신과 설리번 선생님을 떼어 놓으려 했다는 사실을 알고는 몹시 화를 냈습니다. 설리번 선생님은 자신과 세계를 이어 주는 끈이었습니다. 헬렌으로서는 그런 선생님이 없는 세상을 상상할 수 없었습니다. 헬렌은 울부짖었습니다.

"저는 설리번 선생님과 헤어질 수 없어요. 만약 엄마와 선생님 가운데 한 사람을 선택하라면 전 엄마 대신 선생님을 선택할 거예요."

헬렌이 이렇게까지 강하게 반발하자 어머니로서도 어쩔 도리가 없었습니다. 설리번 선생님과 헬렌을 떼어 놓겠다는 결심을 포기할 밖에요. 헬렌과 설리번 선생님은 이 일을 겪으면서 그 어느 때보다 더 가까워졌습니다.

이런 우여곡절을 겪으면서도 헬렌은 3년 만에 대학 준비 과정을 끝냈습니다. 이제 남은 것은 대학 입학시험이었습니다. 1899년 6월 29일부터 이틀 동안 시험을 치렀습니다. 첫날은 초급 그리스어와 고급 라틴어, 둘째 날은 기하와 대수 그리고 고급 그리스어 시험이었습니다. 평소 학교 수업 시간에는 설리번 선생님이 헬렌과 함께 교실에 들어와 학과 선생님의 가르침을 손바닥에 써서 전해 주었습니다. 하지만 입학시험을 볼 때는 선생님이 함께 들어갈 수 없었습니다. 그 대신 학교에서는 퍼킨스 맹학교의 한 선생님에게 부탁해 시험문제를 점자로 만들어 주었고 헬렌은 타자기로 답을 썼습니다. 쉽지 않은 과정이었지만, 결과는 합격이었습니다. 헬렌이 결국 해낸 것입니다.

11. 공부에 파묻혔던 대학 생활

1900년 가을, 헬렌은 드디어 꿈에 그리던 래드클리프 대학에 입학했습니다. 장애를 가진 여성으로 대학에 들어간 것은 헬렌이 처음이었습니다. 헬렌의 나이 스무 살이었습니다.

그러나 대학 생활이 시작되자마자 헬렌은 대학이 꿈꿔 왔던 낭만적인 곳이 아님을 알게 됐습니다. 자신의 장애를 더 또렷이 의식한 것도 대학에서였습니다. 동급생 가운데 수화를 아는 학생은 단 한 명뿐이었습니다. 다른 학생들도 헬렌에게 친절하게는 대했습니다. 하지만 서로 의사소통이 불가능했습니다. 여학교 때와 마찬가지로 헬렌은 친구들과 거리를 느끼지 않을 수 없었습니다. 선생님들 가운데서도 헬렌과 직접 대화하기 위해 수화를 배운 사람은 오직 한 사람뿐이었습니다.

어려운 것은 주변과 소통하는 문제뿐만이 아니었습니다. 층계나 강의실에는 장애인을 위한 인식표가 없었습니다. 헬렌은 친구들의 발에 걸려 넘어지거나 층계에서 발을 헛디뎌 구르기도 했습니다. 지금도 그렇지만 당시의 대학에서는 장애인을 배려해야 한다는 생각이 더욱 없던 탓입니다.

대학 생활은 정신없이 돌아갔습니다. 배우는 데만 집중돼 스스로 생각할 시간이 없는 것 역시 헬렌을 힘들게 하는 것이었습니다. 몰리에르와 코르네유 같은 프랑스 작가들의 희곡은 프랑스어로 읽어야 했고, 괴테와 실러 같은 독일 시인들의 시는 독일어로, 그리고 영국 시인 밀턴의 시는 영어로 읽어야 했습니다. 여기에 더해 역사, 대수, 기하, 물리학까지 공부해야 했습니다.

대형 강의실에선 선생님의 말을 적을 시간이 없었습니다. 헬렌의 손은 강의의 요점을 속사포처럼 전하는 설리번 선생님의 손 글씨를 쓰는 칠판이 돼야 했기 때문입니다. 점자로 된 교재가 있는 수업은 그

몰리에르(1622~1673)와 코르네유(1606~1684)
프랑스의 극작가들. 라신과 함께 17세기 프랑스 고전극을 대표하는 인물들로 평가받는다.

괴테(1749~1832)와 실러(1759~1805)
독일의 문학가들로 독일 고전주의 문학을 대표한다. 괴테의 작품으로는 『파우스트』 『젊은 베르테르의 슬픔』 들이 있고, 실러의 작품으로는 『오를레앙의 처녀』 『빌헬름 텔』이 있다.

밀턴(1608~1674)
영국의 시인. 대표적인 작품으로 『실낙원』이 있다.

래도 괜찮았지만, 그렇지 않은 수업은 선생님이 일일이 헬렌의 손에 그 내용을 써 줘야만 했습니다. 그러니 강의가 끝나고 집으로 돌아오면 점자 타자기로 강의 내용을 다시 써 두지 않으면 안 됐습니다. 이렇게 애써 노력했는데도 수업을 따라가기가 쉽지 않았습니다. 헬렌에게는 대학의 축제도, 댄스파티도 모두 남의 일이었습니다.

고통스러운 시간이 지나고 학기말 시험이 돌아왔습니다. 처음 본 시험에서 헬렌이 좋은 성적을 받자 설리번 선생님이 답을 가르쳐 주기 때문일 거라고 몇몇 학생들이 수군거렸습니다. 교수님 가운데도 그런 의심을 하는 사람들이 없지 않았습니다. 장애를 가진 헬렌이 혼자 힘으로 그렇게 좋은 성적을 낸다는 것을 상상할 수 없었기 때문입니다.

결국 교수 회의에서 이 문제를 논의한 끝에, 시험이 시작되면 설리번 선생님은 건물에서 나가고 헬렌에게는 두 명의 시험 감독을 배치하기로 결정했습니다. 한 사람은 헬렌을 감시하고 다른 한 사람은 헬렌의 감시자를 감시하기 위한 것이었습니다. 학장 선생님이 헬렌과 설리번 선생님을 불러 이런 결정을 알렸습니다.

"설리번 선생님, 저도 학생들의 이야기가 터무니없는 오해라고는 생각해요. 하지만 헬렌이 워낙 좋은 성적을 거두니 사람들이 그렇게 생각하는 것도 무리가 아니에요. 그러니 불쾌하시더라도 결정을 받아들여 주세요. 그렇게 해도 헬렌이 좋은 성적을 내면 뒷말들은 쑥 들어

갈 테니까요."

이것은 헬렌과 설리번 선생님으로서는 참을 수 없는 모욕이었습니다. 자신들을 마치 무슨 부정이나 저지르는 사람으로 보는 것이니까요. 하지만 선생님은 결정을 따르기로 했습니다.

"학장 선생님, 분명히 말씀드리지만 이것은 저희 두 사람에 대한 모욕입니다. 하지만 어쩌겠습니까? 학교에서 하라는 대로 해야지요."

두 사람의 이야기를 들은 헬렌은 분해서 눈물이 날 지경이었습니다. 설리번 선생님은 그런 헬렌을 다독이며 이렇게 말했습니다.

"헬렌, 이런 취급을 당하는 것은 분명 억울한 일이야. 하지단 이번 일이 우리에겐 오히려 좋은 기회일 수도 있어. 네가 다음 시험을 잘 보면 사람들이 오해를 푸는 것은 물론, 장애인도 비장애인 못지않게 공부할 수 있다는 사실을 인정할 테니까 말이야."

헬렌은 분하지만 참을 수밖에 없었습니다. 그리고 더 열심히 공부했습니다.

다음 학기말 시험 때, 헬렌은 설리번 선생님 없이 혼자 두 사람의 감독관과 통역사 앞에 앉았습니다. 통역사가 헬렌에게 문제를 읽어 주면 헬렌은 타자기로 답을 써 내려갔습니다. 사람들은 모두 헬린이 이번에는 어떤 성적을 받을지 궁금해했습니다. 며칠 후 결과가 나왔습니다. 지난번과 마찬가지로 최고 성적인 A였습니다. 헬렌을 의심했던 학생이나 교수님 들의 코를 납작하게 만들었지만, 헬렌으로선 쓸쓸한

일이었습니다. 장애인들에 대한 편견이 얼마나 뿌리 깊은지 알 수 있었으니까요. 래드클리프 대학은 이후 4년 동안 헬렌이 본 시험 결과를 모두 학장실에 보관했습니다.

헬렌의 공부를 돕느라 설리번 선생님의 눈이 점점 나빠졌습니다. 선생님은 이런 상태로는 헬렌의 공부를 제대로 도울 수 없다고 생각하고 다른 과외 선생님을 찾아보았습니다. 헬렌이 너무 힘들어하는 과목 공부를 누군가가 도와준다면 선생님과 헬렌의 어려움을 줄일 수 있을 테니까요.

마침 헬렌의 시험 감독관으로 왔던 친구가 헬렌 또래의 똑똑하고 참한 남동생이 있다며 추천했습니다. 그러나 헬렌의 어머니가 코스턴에 와서 그 젊은이를 보곤 딱 잘라 거절했습니다. 젊은이가 너두 매력적이어서, 헬렌이 함께 공부를 하다가 사랑에 빠질 수도 있다는 이유에서였습니다. 어머니는 장애가 있는 헬렌을 진정으로 사랑해 줄 사람은 없다고 생각했기 때문에, 혹시라도 헬렌 혼자 짝사랑에 빠져 고통을 겪게 될까 봐 걱정했습니다. 결국 과외 선생님을 구하는 일은 없던 일이 돼 버렸습니다.

헬렌 역시 이성간의 사랑을 두려워했던 것 같습니다. 1학년이 끝난 뒤 벨 박사님과 함께 휴가를 보내면서 두 사람은 사랑에 대해 이야기를 나눴습니다. 벨 박사님이 말문을 열었습니다.

"헬렌, 언젠가는 사랑이 네 마음의 문을 두드리고 들어가게 해 달라고 하는 날이 올 거다."

"왜 그렇게 생각하세요?"

헬렌이 물었습니다.

"나는 가끔 네 미래를 생각해 본단다. 너는 아주 사랑스럽고 귀한 소녀니까 말이지. 그리고 젊었을 때는 사랑과 행복에 관해 생각하는 게 자연스러운 일이란다."

"저도 때론 사랑을 생각해요. 그렇지만 사랑은 만질 수 없는 아름다운 꽃처럼 생각돼요."

헬렌의 이야기를 들은 박사님은 잠시 말을 멈추고 한참을 생각한 뒤 이렇게 말했습니다.

"네가 장애를 가졌다고 여성의 가장 소중한 행복을 누릴 수 없다고는 생각하지 마라. 네 장애는 유전이 되는 게 아니니까."

"아니에요, 전 지금 아주 행복해요. 저에게는 설리번 선생님도 계시고, 엄마도 있고, 벨 박사님도 계시잖아요. 그리고 재미있는 일도 얼마나 많다고요. 전 정말 결혼엔 관심 없어요."

"안다. 그러나 삶이란 참 이상한 것이란다. 언제까지나 엄마와 함께 있을 수도 없고, 설리번 선생님도 언젠간 결혼할 거다. 잘못해서 네가 외로워질까 봐 하는 말이야."

"그렇지만 어떤 남자가 저랑 결혼하려 하겠어요? 마치 돌로 된 석상이랑 결혼하는 것 같을 텐데요."

벨 박사는 헬렌의 손을 부드럽게 쓰다듬으며 말했습니다.

"너는 젊어. 그러니 내 말을 심각하게 여기지 않을 수도 있지. 오래전부터 이런 이야기를 해 주고 싶었단다. 혹시라도 괜찮은 젊은이가 너를 아내로 맞겠다고 하면, 네 장애 때문에 그런 행복을 버려야 한다는 사람들의 얘긴 듣지 말아야 한다."

그러나 바쁜 대학 생활 중에 사랑은 생각도 못할 일이었습니다. 공부할 것이 산더미처럼 쌓여 있고, 공부는 해도 해도 끝이 없었습니다. 남자 친구를 만날 마음도 낼 수 없었습니다.

이토록 어려운 대학 생활 중에 헬렌에게 기쁨을 준 것은 점자책들이었습니다. 헬렌은 여러 분야의 책을 읽었지만, 그 가운데서도 특히 철학에 흥미를 느꼈습니다. 철학은 빛도 소리도 없는 세계에 사는 시청각장애인이 그들의 제한된 경험에서 비롯된 잘못된 생각에 빠지지 않도록 그 방법을 가르쳐 주기 때문이었습니다.

헬렌이 가장 좋아하는 철학자는 스베덴보리▪였습니다. 스웨덴 국회의원이며 저명한 과학자였던 스베덴보리는 꿈속에서 예수님을 만난 뒤 과학의 길을 접고 예수님의 가르침을 전하는 사람이 되었습니

스베덴보리(1688~1772)
스웨덴의 신학자·철학자·자연과학자. 처음에는 자연과학을 연구하여 광산학자로서 학계의 인정을 받았는데, 1741년경 영적인 경험을 한 뒤 과학적 방법의 한계를 깨닫고 신비적 신학자가 되었다.

다. 스베덴보리는 예수님의 가르침에 따라 천국과 지옥을 여행했다면서 그곳의 모습을 기록한 책들을 남겼습니다. 헬렌이 영혼의 세계를 다룬 스베덴보리의 책을 읽으면서 얼마나 큰 위로를 얻었는지는 오랜 친구 존 히츠에게 보낸 편지에서 확인할 수 있습니다.

> 저는 끝없이 어두운 길을 가느라 피곤을 느낍니다. 그럴 때면 제게도 자유가 있었으면 하고 간절하게 바라지요. 그때, 자유로운 비장애인들과 그렇지 못한 제 자신을 비교하면 정말 고통스럽습니다. 이럴 때 스베덴보리가 보여 준 영혼의 세계를 생각하면 다시 힘이 솟아납니다. 그곳에서 저는 더 이상 청각장애인도 시각장애인도 아닙니다. 저도 그곳에서는 다른 사람들과 똑같이 모든 감각 기능을 가진 사람이 될 수 있으니까요.

장애를 넘어 늘 씩씩해 보였던 헬렌도 때로는 너무 힘들어 주저앉고 싶을 때가 있었던 것이지요. 그러나 그럴 때조차 헬렌은 주저앉는 대신 육신의 세계가 아닌 영혼의 세계에 대한 믿음으로 자신을 위로하며 앞으로 나아갔던 것입니다.

3부 작가의 탄생

    어렵사리 1학년 과정을 마치고 2학년이 되자 상황은 점차 나아졌습니다. 공부와 학교에 좀 익숙해진 것이지요. 게다가 헬렌의 글쓰기 실력을 알아본 교수님이 글을 써 보라고 권했습니다. 교수님은 헬렌의 삶 이야기를 글로 쓰면 사람들에게 감동을 줄 것이라며『레이디스 홈 저널』이라는 잡지의 편집자를 소개해 주었습니다. 저널 쪽에서는 헬렌의 이야기를 5개월에 걸쳐 연재하게 해 달라고 요청했고, 헬렌은 그 요청을 받아들였습니다.

    공부를 따라가기도 벅찬데 잡지에 꾸준히 글까지 쓰는 것은 말처럼 쉬운 일이 아니었습니다. 공부와 글쓰기를 함께 하느라 밤을 새운 날도 하루 이틀이 아니었습니다. 한 친구가 이런 헬렌의 어려움을 알고,

하버드 대학의 영어 강사이며 『유스 컴패니언』이라는 잡지의 편집자였던 존 메이시를 소개해 주었습니다. 메이시는 하버드 대학을 우등으로 마칠 정도로 실력이 뛰어난 젊은이였습니다. 또 잡지 편집자로서 다른 사람의 글을 많이 매만져 본 경험이 있어 헬렌의 글쓰기에 많은 도움을 주었습니다.

메이시의 도움으로 헬렌의 글쓰기 실력은 나날이 발전했습니다. 이렇게 해서 나온 글이, 어린 시절 눈이 멀게 된 때부터 래드클리프의 학생이 되기까지 헬렌의 삶을 기록한 「내가 살아온 이야기」입니다. 뒤에 한 권의 책으로도 출간된 이 글은 독자들로부터 큰 사랑을 받았고 헬렌은 이를 계기로 작가의 길을 걷게 됐습니다.

헬렌은 공부와 글쓰기를 함께 하면서도 우등생으로 4년간의 대학 생활을 무사히 마쳤습니다. 보지도 듣지도 못하는 사람도 대학을 졸업할 수 있음을 보여 줌으로써 장애인들에게 희망이 되고자 한 꿈을 드디어 이뤄 냈습니다.

1904년 6월 하순, 햇살이 따뜻하게 비치는 졸업식장에 헬렌은 설리번 선생님과 나란히 앉았습니다. 헬렌은 설리번 선생님의 손을 꼭 쥐

존 메이시(1877~1932)
작가·문학비평가·시인이자 사회주의자. 미시건 주 디트로이트에서 태어났으며, 1905년 5월에 앤 설리번과 결혼했다. 존 메이시는 헬렌이 『내가 살아온 이야기』, 『내가 살고 있는 세계』 등의 문학 작품을 쓰는 데 많은 도움을 주었다. 또한 헬렌이 사회주의 사상에 관심을 갖게 된 데에도 그의 영향이 컸다.

었습니다. 선생님이 아니었다면 자신이 학사모를 쓰고 이 자리에 서는 일은 없었을 거라는 생각에 눈시울이 뜨거워졌습니다. 학사모를 쓴 헬렌을 지켜보는 설리번 선생님의 눈앞에도 지난 일들이 주마등처럼 스쳐 갔습니다. 터스컴비아의 고집쟁이 꼬마, 말하기를 배우려고 그토록 애쓰던 모습, 여학교에서 두 사람이 헤어질 뻔했던 일 등등…… 두 사람이 이렇게 수많은 어려움을 이겨 낸 결과, 이제 헬렌이 자랑스럽게 대학 졸업장을 쥐고 자기 곁에 서 있는 것입니다. 헬렌의 눈에서도, 선생님의 눈에서도 눈물이 방울방울 흘러 떨어졌습니다.

12. 내가 살고 있는 세계

대학을 졸업한 뒤 헬렌과 설리번 선생님은 보스턴 근처의 렌섬에 정착하기로 했습니다. 글을 쓰면서 살아가려면 고향보다는 보스턴 근처가 나을 듯했고, 도와주는 이들도 더 많았습니다. 헬렌과 설리번 선생님은 처음으로 두 사람만을 위한 집을 구했습니다. 보금자리를 꾸린 두 사람은 어린 시절 이후 처음으로 산책도 하고 말도 타면서 여유로운 삶을 즐겼습니다. 그러나 세상은 그들을 그대로 놔두지 않았습니다. 여기저기서 연설을 부탁하는 요청이 들어왔고, 글을 써 달라는 청탁도 쏟아졌습니다.

특히 『센추리 매거진』이라는 당시 유명한 잡지의 편집자이자 저명한 시인인 리처드 길더는 이전부터 끈질기게 매달리고 있었습니다. 장애인으로서 헬렌이 살고 있는 세계를 사실대로 보여 주는 글을 써 보라는 것이었습니다. 비장애인들에게 눈멀고 귀먹은 장애인들의 세계는 궁금하기 짝이 없는 것이라면서요. 결국 헬렌은 1904년부터 4년 동안 장애 속에서 사는 자신의 삶을 「이성과 감성」이라는 제목으로 잡지에 연재했습니다. 연재한 글은 1908년 『내가 살고 있는 세계』라는 책으로도 출간됐습니다.

헬렌은 이 글에서 앞 못 보는 시각장애인들의 세계 역시 행복하고 즐겁다는 사실을 비장애인들에게 잘 보여 주었습니다. 또한 시각장애인이 어둠으로 가득 찬 세계에서 촉각의 미묘한 차이를 구별함으로써 세계와 소통하는 모습을 생생하게 그려 냈습니다.

눈먼 아이들에게 어둠은 타고난 것입니다. 어둠을 낯설어하거나 무서워하지 않습니다. 어둠은 그들에게 익숙한 세계이니까요.

헬렌은 색깔도 소리도 없는 세계에 살았지만 설리번 선생님의 생생한 가르침 덕택에 색깔이 있는 세계를 상상할 수 있었습니다.

저는 색깔에 대해 무척이나 많은 이야기를 듣고 책에서 읽었습니다.

이것은 모든 사람들이 희망이니 이상이니 하는 추상적인 말의 뜻을 깨닫는 방법과 똑같습니다. 눈에 보이는 물체로 그것을 표현할 수는 없지만, 연상 작용을 통해 그 의미를 깨칠 수 있습니다. 저도 연상 작용을 통해 흰색은 순수하고, 초록색은 활력이 넘치며, 빨간색은 사랑이나 부끄러움 또는 힘을 의미한다고 생각하게 됐습니다.

색깔도 소리도 없는 헬렌의 세계를 다른 세상과 연결해 주는 가장 중요한 곳이 손입니다.

제 손은 여러분의 눈이나 귀와 같습니다. 우리는 같은 길을 걷고, 같은 책을 읽고, 같은 언어로 말하지만, 경험만큼은 많이 다릅니다. 저를 사람들과 연결해 주는 것은 손입니다. 제 손을 통해 저는 외로움과 어둠을 넘어 즐거움과 활력을 느낄 수 있습니다. 다른 사람의 손에서 제 손으로 작은 낱말이 전달되면 제 삶은 충만해집니다. 저를 움직이고 저를 기쁘게 하는 것 역시 저와 세상을 연결해 주는 손이고, 손으로 만져서 느낀 것이 바로 제 현실입니다.

제 손에 느껴지는 나비 날개의 미묘한 떨림, 차갑고 주름진 잎 속에 둥지를 튼 여린 제비꽃잎, 부드러운 곡선을 이루는 말의 목선과 벨벳 같은 코의 감촉, 이런 모든 것이, 그리고 이런 것의 수천 가지 조합이 제 마음속에서 형태를 만들고 제 세계를 이룹니다.

헬렌은 손을 만져 보기만 해도 그 사람의 성격이나 기분을 즉각 알아냈습니다. 손은 얼굴처럼 알아보기 쉬울 뿐만 아니라 더 솔직하게 그리고 무의식적으로 자신의 비밀을 털어놓기 때문이라고 헬렌은 설명했습니다.

사람들은 자신의 표정은 관리할 수 있지만, 손은 그렇게 할 수 없습니다. 기분이 안 좋고 기운이 없을 때 손은 힘없이 축 처지고, 흥분하거나 기쁠 때는 근육이 단단해집니다.

사물의 부분을 만져 어떻게 전체의 인상을 갖게 되는지는 이렇게 설명했습니다.

제 손가락은 한꺼번에 커다란 물체의 모습을 그려 내지는 못합니다. 그러나 부분 부분을 느끼고, 그렇게 얻은 각 부분에 대한 느낌들이 제 마음속에서 합쳐집니다. 그러나 상상이 없다면 제 세계는 얼마나 초라할까요! 제 정원은 온갖 모양과 냄새를 지닌 식물들로 얽힌, 소리 없는 땅 조각에 지나지 않을 겁니다. 그러나 제 마음의 눈이 그 아름다움을 향해 열리면, 발밑의 맨 땅이 환하게 밝아지고, 울타리의 나무들이 잎을 틔우고, 장미꽃이 향기를 뿜어냅니다. 이것이 바로 상상의 기적입니다.

상상이 제 손이 겪는 경험을 완성합니다. 손은 다른 이의 현명한 손으로부터 전해진 지혜를 배운 뒤, 상상의 안내를 받아 제가 몰랐던 새로운 길로 안전하게 이끌어, 어둠을 빛으로 바꾸고 굽은 길을 곧게 펴 줍니다.

공기의 흔들림 역시 헬렌의 세계를 이루는 중요한 부분이었습니다. 학교에서 공부할 때 헬렌은 식당으로 가는 다른 사람의 발소리를 듣고 식사 시간을 알았습니다. 층계를 오르는 발걸음의 울림 차이로 사람을 구별할 수도 있었습니다.

눈에 시각이라는 값진 감각이 있듯이, 우리 몸 전체에도 값진 감각의 힘이 있습니다. 소중한 안내자인 촉각과 후각과 미각을 통해 저는 경험의 한계를 넓힙니다. 모든 사람은 필요에 따라 스스로를 적응시킵니다. 눈에 장애가 있으면 연습을 통해 나머지 감각의 힘을 기릅니다. 예를 들어 저는 나이와 성별 그리고 걷는 사람의 태도에 따라 발걸음이 아주 다르다는 사실을 알게 됐습니다. 아장아장 걷는 아기의 걸음을 어른의 발걸음과 혼동할 수 없습니다.

사람들이 시청각장애인들도 꿈을 꾸는지 궁금해하자 헬렌은 꿈에 대해서도 이야기했습니다.

꿈속에서 저는 감각을 가지고 있습니다. 냄새를 맡고 맛을 보고 생각을 합니다. 실제로 내가 그 감각을 가지고 있었는지 기억할 수 없지만요. 아마도 아기 때 남아 있던 기억에서 나온 것 같아요. 잠잘 때 놀라운 빛이 찾아오는 경우도 있어요. 그러면 저는 그 빛이 사라질 때까지 보고 또 봅니다. 꿈속에서 후각이나 미각은 깨어 있을 때와 마찬가지지만 촉각은 깨어 있을 때보다는 덜 중요해요. 꿈에서는 거의 더듬지 않아요. 아무도 저를 이끌어 주지 않아도 됩니다. 복잡한 거리도 혼자 충분히 다닐 수 있어요. 실제 제 삶에서는 아주 낯선 일인 독립을 즐기는 것이지요.

손뿐만 아니라 후각, 촉각 등 사용할 수 있는 모든 감각과 상상력을 통해 보이지 않는 세계와 만나려고 노력하는 헬렌의 모습은 많은 이들에게 감동을 주었습니다. 헬렌의 인기는 갈수록 높아졌습니다.

헬렌은 다양한 분야의 글을 썼지만, 장애인과 비장애인 사이에 다리 놓는 일에 가장 애를 썼습니다. 장애인의 처지를 알리거나 장애인에 대한 편견을 지적하는 헬렌의 글들은 비장애인의 편견을 깨는 데 큰 영향을 끼쳤습니다.

13. 사흘만 볼 수 있다면

　1933년, 『월간 애틀랜틱』 1월호에 실린 「사흘만 볼 수 있다면」이라는 글은 대공황*으로 일자리를 잃고 실의에 빠진 많은 사람에게 큰 위로를 주었습니다. 지금 비록 가진 것이 없고 헐벗었더라도, 볼 수 있는 눈이 있다는 것만으로 인생이 얼마나 아름다운지를 보여 주었으니까요.

　우리 모두는 한정된 시간밖에 살 수 없는 영웅의 흥미진진한 이야기를 읽습니다. 그 시간은 1년이 되기도 하고 어떤 때는 24시간이 될 수도 있습니다. 그가 자신의 마지막 순간을 어떻게 쓰는가는 언제나 흥미롭습니다.

　그런 이야기를 읽으면서 우리는 내가 저 상황이라면 어떻게 할까 생각해 보게 됩니다. 살아 있는 마지막 순간에 어떤 일을 해야 할까요? 지난날을 돌이켜 보면서 어떤 행복을 찾을 수 있고, 무엇을 후회해야 할까요?

대공황
1929년부터 시작된 세계적인 경제 위기. 이 경제 위기로 세계 곳곳에서 수많은 기업이 무너지고, 수백만 명이 일자리를 잃고 고통에 빠졌다.
사진은 대공황의 혼란 속에서 은행 앞에 몰려든 사람들의 모습.

저는 우리가 하루하루를 인생의 마지막 날처럼 산다면 훌륭한 삶을 살 것이라고 생각합니다. 그런 자세로 산다면 인생을 소중하게 여길 테니까요. 우리는 매일매일 너그럽고 열심히 그리고 감사하면서 살아야 하지만, 우리 앞에 수많은 날이 남아 있다는 생각에 그런 마음을 잊고 맙니다.

이야기 속에서 한정된 시간만 살도록 운명 지워진 영웅은 대체로 어떤 운명의 힘에 의해 마지막 순간에 구원을 받습니다. 하지만 삶에 대한 그의 생각은 달라집니다. 삶을 더욱 소중하게 여기게 되지요.

반면, 우리 대부분은 삶을 당연한 것으로 여깁니다. 언젠가는 우리도 죽는다는 사실을 알지만 먼 미래의 일로 생각하지요. 건강할 때는 죽음을 상상조차 하지 않아요. 우리 삶이 끝없이 계속된다고 생각해서, 우리가 삶에 얼마나 무심한지 깨닫지 못한 채 사소한 일에 매달립니다.

청각장애인만이 청력을 소중하게 여기고, 시각장애인만이 빛이 보여 주는 축복을 인식합니다. 특히 어른이 돼서 시력이나 청력을 잃은 사람들은 분명히 그렇습니다. 그러나 눈이 잘 안 보이거나 귀가 잘 안 들리는 일을 겪어 보지 못한 사람들은 그 축복받은 기관을 최대한 충분히 사용하는 일이 별로 없습니다. 가진 것을 잃어 보기 전에는 그 소중함을 알지 못하는 것과 마찬가지죠.

저는 사람들이 막 어른이 됐을 무렵 이삼일 동안만 시력과 청력을 잃어 본다면 큰 축복이 되리라고 생각하곤 했습니다. 어둠이 빛의 소중함을, 침묵이 소리의 즐거움을 가르쳐 줄 테니까요.

때때로 저는 볼 수 있는 친구들이 무엇을 보는지 알고 싶어 실험을 해 봅니다. 최근 한 친구가 저를 찾아왔습니다. 숲길을 오랫동안 걸어왔다고 했습니다. 숲에서 무엇을 보았느냐고 물었더니 친구는 "특별한 것 없었는데"라고 하더군요.

저는 생각했습니다. '한 시간이나 숲길을 걸었는데도 어떻게 특별한 것을 찾지 못하지?' 볼 수 없는 저는 단순한 촉감만으로도 수백 가지 흥미로운 것을 찾아냅니다. 잎이 섬세하게 나란히 나 있는 모습을 느끼고, 손을 뻗쳐 은빛 자작나무의 부드러운 껍질이나 소나무의 거친 등걸을 만져 봅니다. 봄에는 대자연이 겨울잠에서 깨어나는 첫 표시인 어린잎을 찾기 위해 나뭇가지를 만져 봅니다. 아주 운이 좋으면 작은 나무에 손을 올려놓고, 목청껏 노래하는 한 마리 새의 행복한 떨림을 느끼기도 하지요.

때론 제 마음도 이 모든 것들을 보고 싶어 울부짖습니다. 단순한 촉감만으로도 그렇게 많은 즐거움을 얻을 수 있는데, 시각이 펼쳐 보이는 아름다움은 얼마나 더 많을까요! 그렇지만 볼 수 있다고 해서 분명히 제대로 다 보는 것 같지는 않습니다. 그들은 세상을 채우는 빛깔과 움직임의 파노라마를 당연하게 여깁니다. 시각이라는 선물을, 삶을 충만하게 만드는 수단이 아니라 단순히 편리함 정도로만 여기는 것은 참으로 안타까운 일입니다.

제가 단 사흘만이라도 눈으로 볼 수 있다면, 무엇이 가장 보고 싶은지 상상해 보면서 시력의 소중함을 이야기해 보고 싶습니다.

제가 가장 먼저 보고 싶은 것은 당연히, 어둠 속에서 살았던 세월 동안 제게 가장 소중했던 것입니다. 눈을 뜬 첫날, 저는 제 삶을 살 만하게 만들어 준 친절하고 다정한 제 동반자들을 보고 싶습니다. 무엇보다 먼저 사랑하는 앤 설리번 선생님의 얼굴을 오래도록 바라보고 싶습니다. 설리번 선생님은 저와 바깥세상을 이어 주신 분이지요. 단순히 얼굴 보는 것을 넘어, 저를 가르치는 그 어려운 일을 해내신 선생님의 인내와 사랑의 살아 있는 증거를 그 얼굴에서 찾아내고 싶습니다.

첫날은 아주 바쁜 하루가 될 겁니다. 사랑하는 친구들을 모두 불러 그 얼굴 하나하나를 마음속에 새겨야 할 테니까요. 또 아기의 얼굴에서 순수한 아름다움을 찾아보고, 저를 지켜 주는 애견들의 충직하고 믿음직한 눈도 보고 싶습니다. 제 눈은 제가 읽었던 점자책들에 머물 테지만, 비장애인이 읽는 일반 책들에 훨씬 더 관심을 갖겠지요. 제 인생의 긴 밤 동안 책들은 제 삶의 빛나는 등대가 되어 제가 사람들의 삶과 정신에 다가가는 가장 깊은 통로를 비춰 주었습니다.

첫날 오후에는 숲 속으로 산책을 나가, 대자연이 펼쳐 보이는 찬란한 모습을 몇 시간 안에 받아들이려 애쓰면서 그 아름다움에 취해 보겠습니다. 어둠이 내리면 인간이 시력을 늘리기 위해 발명해 낸 인공의 빛을 보는 또 다른 기쁨을 경험하겠지요. 볼 수 있게 된 첫날 밤 저는 좀처럼 잠들지 못할 겁니다. 가슴에 낮의 기억들이 가득 차 있을 테니까요.

　이튿날, 볼 수 있는 둘째 날, 새벽에 일어나 밤이 낮으로 변하는 기적을 떨리는 마음으로 보겠습니다. 태양이 잠자는 지구를 깨우는 장엄한 빛의 파노라마를 감탄하며 지켜볼 겁니다.
　이날 저는 과거와 현재 세계의 흔적을 찾는 데 집중하겠어요. 인류가 점점 더 나은 방향으로 나아간다는 것을 확인해 보고 싶으니까요. 어떻게 하루에 다 할 수 있느냐고요. 물론 박물관을 통해서죠. 전에도 뉴욕 자연사 박물관을 방문한 적은 있습니다만, 제 눈으로 지구와 그 주민들이 이 땅에 펼쳐 낸 역사를 보고 싶었습니다.
　그리고 나선 메트로폴리탄 미술관으로 가겠습니다. 자연사 박물관이 세계의 물질적 측면을 보여 준다면 메트로폴리탄 미술관은 인간 정신의 다양한 측면을 보여 줄 겁니다. 예술을 통해 인간의 영혼을 탐구하는 것이지요. 그동안 손으로 만져 알고 있던 작품들을 이제는 직접 눈으로 봅니다. 원시 시대 그림부터 현대 작품에 이르기까지 놀라운 그림의 세계가 훨씬 더 빛나는 모습으로 제게 다가올 겁니다.
　둘째 날 저녁은 극장이나 영화관에서 보내겠어요. 햄릿 같은 멋진 인물을 직접 볼 수 있다면 얼마나 좋을까요? 저는 제 손이 느끼는 영역 밖에서 일어나는 아름다움을 즐겨 보지 못했어요. 연극 공연이 진행되면

서 배우들이 대사와 동작을 서로 주고받는 것을 보고 들을 수 있다면 분명 즐겁겠지요! 둘째 날 밤 내내 연극에서 만난 위대한 인물들이 제 꿈속을 채울 겁니다.

셋째 날, 볼 수 있는 마지막 날, 평상시의 세상을 보기 위해 도시 한복판을 거닐어 보고 싶습니다. 제가 사는 롱아일랜드의 포리스트 힐스에서 시작해 이스트 강가를 지나 이제 제 앞에 뉴욕의 아름다운 타워들이 보입니다. 저는 그 거대한 건물 가운데 하나인 엠파이어스테이트빌딩 꼭대기에 올라가겠습니다. 얼마 전에 그곳에서 내려다보이는 풍경을 제 비서의 눈을 통해 본 적이 있는데, 이제 제 눈으로 보면서 상상과 현실을 비교해 보겠어요.

이제 이 도시를 돌아봐야지요. 우선 5번가로 가서 형형색색의 아름다움을 구경하고, 공장과 빈민가와 아이들이 노는 공원에도 가 보겠습니다. 사람들의 행복과 불행에 놀라면서, 세상 사람들이 어떻게 일하며 살고 있는지 더 깊이 이해하겠지요. 제 가슴은 사람과 사물의 이미지로 가득 채워지고 있습니다.

볼 수 있는 셋째 날이 끝나 갑니다. 자정이 되면 잠시 동안 얻은 시력이 사라지고 영원한 밤이 다시 찾아오겠지요. 암흑이 다시 찾아왔을 때 아직도 보지 못한 것이 얼마나 많은지 깨닫게 될 터이지요. 그러나 엄청나게 즐거운 기억이 마음속 깊이 가득 차 후회할 틈이 없을 거예요. 그

날 이후부터 제가 만지는 모든 물건의 감촉은 그 물건과 관련한 황홀한 기억을 불러일으킬 거고요.

앞 못 보는 제가 비장애인 여러분에게 한 가지 조언을 하고 싶습니다. 내일 갑자기 여러분이 눈이 멀 수도 있다고 생각하면서 눈을 한껏 사용해 보세요. 내일 갑자기 귀가 안 들릴 수도 있다는 생각으로 아름다운 목소리를, 새의 노랫소리를, 그리고 오케스트라의 힘찬 선율을 즐겨 보세요. 내일 여러분의 모든 감각이 사라진다고 상상한 뒤 만지고 싶은 물체를 만져 보세요. 여러분의 감각을 최대한 이용해 보세요.

이 글을 읽은 많은 이들은 볼 수 있다는 것만으로 얼마나 행복할 수 있는지 깨달았습니다. 당장의 어려움이 있더라도 자연의 아름다움이나 사랑하는 이의 얼굴을 볼 수 있다는 사실처럼 우리 주변에는 감사할 일이 무척이나 많다는 것을 알게 된 것입니다.

4부 사회 운동에 투신하다

14. 장애인의 대변자

 헬렌이 쓴 「사흘만 볼 수 있다면」을 읽고 감동한 사람 가운데는 프랭클린 루스벨트 대통령도 있었습니다. 대공황기에 대통령이 된 루스벨트 대통령은 어려운 사람들의 처지를 개선하기 위해 밤낮으로 애썼습니다. 대통령은 절망에 빠졌던 많은 이들이 헬렌의 글을 읽고 위로를 얻고 희망을 찾았다는 이야기를 들었습니다. 루스벨트 대통령은 고마운 마음을 전하기 위해 헬렌을 백악관으로 초대했습니다. 루스벨트 대통령이 말했습니다.
 "헬렌 켈러 양, 아름다운 글로 국민들에게 감동을 안겨 주어 고맙습니다."

"저도 얼마나 감동적으로 읽었는지 모른답니다. 켈러 양의 글을 읽고 우리 삶에서 무엇이 소중한지 다시 한 번 생각하게 됐어요."

옆에 있던 대통령 부인 엘레노어 루스벨트 여사가 거들었습니다.

"제 글을 읽어 주셨다니 고맙습니다. 대통령님을 뵌 김에 부탁 하나 드려도 될까요?"

헬렌이 루스벨트 대통령을 보고 진지하게 말했습니다.

"무엇이든 말해 보세요. 켈러 양이 부탁하는 것이라면 무엇이든지 들어 드릴 테니까요."

"시각장애인도 비장애인과 마찬가지로 차별 없이 교육받을 수 있게 해 주세요. 대통령님도 아시다시피, 지금 시각장애인은 교육 시설이 부족해서 제대로 교육받을 수 없습니다. 시각장애인 단체들이 장애인 교육법 제정 운동을 벌이고 있는데요, 대통령님께서 좀 도와주세요."

루스벨트 대통령은 헬렌의 손을 꽉 잡았습니다.

"걱정 마세요. 켈러 양, 저는 켈러 양이 지지하는 것은 무엇이든지

프랭클린 루스벨트(1882~1945)
미국의 32대 대통령. 1933년부터 1945년까지 대통령으로 일하는 동안 정부가 경제 활동에 적극적으로 개입하여 국가 경제를 통제하는 뉴딜 정책으로 대공황을 극복하는 한편, 2차 세계대전을 겪으며 연합국 회의에서 중심 역할을 했다.

지지할 테니까요."

루스벨트 대통령 역시 소아마비로 다리가 불편해 장애인의 처지를 잘 알기에 장애인을 위한 헬렌의 노력을 소중히 여겼습니다.

실제로 헬렌은 한평생을 장애인의 대변자로 살았습니다. 글로 연설로 장애인의 처지를 알리고 이를 개선하기 위해 온 힘을 다했습니다. 장애인에 대한 그릇된 생각에는 분명하게 반박했습니다. 예를 들어 한 장애인 잡지에 이런 글이 실린 적이 있었습니다.

> 시간을 다룬 시나 이야기는 이 잡지에 싣지 말아야 합니다. 달빛, 무지개, 구름, 아름다운 풍경 따위의 표현을 보면 시각장애인은 더욱 불행하다고 느끼기 때문입니다.

이 글을 본 헬렌은 다음과 같이 반박하는 글을 보냈습니다.

> 그 이야기는 가난하면 아름다운 집이나 정원에 대해 말할 수 없고, 가 볼 수 없으면 프랑스 파리나 서인도제도에 대해 이야기해서는 안 된다는 말과 같습니다. 달빛과 구름을 표현한 글을 보면 더 불행해지는 게 아니라 오히려 불행하고 좁은 현실에서 제 영혼이 벗어나는 것 같습니다. 비판자들은 우리 장애인들이 할 수 없는 일을 우리에게 가르쳐 주는 게 즐거운 모양입니다. 그들은 시각장애인이나 청각장애인처럼 장애를

가진 사람들은 비장애인들이 즐기는 것과 완전히 단절돼 있다고 생각하는 듯합니다. 물론 눈에 보이는 세계에는 제가 상상하지 못하는 수많은 경이로운 것들이 있겠지요. 그러나 마찬가지로 제게도 여러분이 꿈도 꾸지 못할 많은 느낌과 즐거움이 있습니다.

이렇게 헬렌은 장애인들에 대한 비장애인의 편견을 깨는 글을 쓰는 한편 직접 다른 장애인들을 돕는 일에 나서기도 했습니다. 열한 살 때 또래의 눈먼 아이 토미를 위해 모금 활동을 벌였듯이 말입니다. 헬렌이 장애인들을 위해 가장 힘을 쏟은 일은 두 가지였습니다. 하나는 장애인들 스스로 힘과 능력을 개발하도록 북돋는 일이고, 다른 하나는 장애인들을 돕는 제도를 만들도록 정부나 의회에 촉구하는 일이었습니다.

그런 일을 위해서라면 헬렌은 대중 집회에 나가는 것도 마다하지 않았습니다. 장애인들의 모임에 가서는 가능하면 구화로 말했습니다. 어렵사리 짜낸 목소리로 어떻게 장애를 극복했는가를 힘주어 말할 때, 장애인들이 더 큰 용기를 얻는다는 사실을 알았기 때문입니다.

"저처럼 귀먹고 눈멀고 말 못하는 3중의 장애를 가진 사람도 교육을 받으면 다른 사람들과 마찬가지로 발전할 수 있습니다. 물론 공부하는 일은 힘듭니다. 다른 사람보다 몇 배 더 노력하지 않으면 안 됩니다. 그렇지만 불가능한 일은 아닙니다. 저는 결코 뛰어난 천재가 아닙니다. 여러분과 크게 다르지도 않습니다. 여러분과 다른 점이 있다면 장애인에 대한 편견을 깨고 싶다는 열망이 더 강했고, 그 열망을 실현하기 위해 할 수 있는 한 열심히 노력했다는 점입니다. 제가 이렇게 말을 할 수 있게 된 것도 그런 노력의 결과입니다."

이런 연설은 많은 장애인들에게 용기를 불러일으켰습니다. 헬렌처럼 공부를 하고 성장하기 위해 노력하는 장애인이 늘어났습니다.

이런 모습을 본 사람들이 헬렌의 이야기를 영화로 만들자고 했습니다. 1918년, 제1차 세계대전이 막 끝난 뒤였습니다. 영화를 기획한 사람들은 헬렌의 이야기가 전쟁으로 찢긴 세상에 희망의 빛을 줄 것이라고 주장했습니다. 헬렌처럼 3중의 장애를 가진 사람이 어려움을 극복해 인생의 즐거움과 빛을 발견해 가는 모습을 보면 많은 사람이 감동과 교훈을 얻을 거라고도 했습니다. 헬렌의 생각도 마찬가지였습니다. 자신이 잔인한 운명의 사슬을 끊고 해방되었듯이 인류도 애써 노력하면 고통과 불의, 정신적인 장애 상태에서 벗어날 수 있다고 생각했습니다. 이렇게 하여 1919년 「세계 8대 불가사의 헬렌 켈러, 아름다운 해방」이라는 기록영화가 탄생했습니다.

사실과 허구가 뒤섞이긴 했지만 이 영화는 어린 시절부터 30대 후반에 이른 당시 헬렌의 모습까지를 잘 기록했습니다. 점자책을 읽거나 편지에 답장을 쓰는 모습이라든가, 어머니와 함께 정원을 산책하는 모습, 가족들의 반대에도 불구하고 위험해 보이는 복엽 비행기를

사회 운동에 투신하다

타는 모습 등이 담겼습니다. 영화를 보면 육체적 한계가 있는 헬렌이 오히려 다른 사람보다 더 용감하고 겁이 없었음을 알 수 있습니다.

    비행기가 막 등장한 참이던 당시에 비행기를 탄다는 것은 대단한 모험이었습니다. 그러나 헬렌은 조종사가 한번 타 보라고 권하자, 아무런 망설임 없이 올라탔습니다. 비행기에서 내린 뒤 기자들이 달려와 무섭지 않느냐고 묻자 헬렌은 환하게 웃으며 이렇게 답했습니다.

    "무섭지 않았냐고요? 두려움 따위가 어떻게 높이 날아오르고 싶다는 제 오랜 희망을 꺾을 수 있겠어요? 위로, 위로, 위로, 비행기는 올라갔어요. 비구름이 그들의 진주를 내 위에 흩뿌릴 때까지. 비행기가 오르내림에 따라 제 머릿속에서 황홀한 생각들이 춤을 췄어요. 마치 신과 춤을 추고 있는 듯했다고나 할까요. 그토록 해방감을 느껴 보긴 처음이었어요."

    그러나 이 영화는 관객을 끄는 데 실패했습니다. 영화의 실패로 경제적으로 몹시 어려워진 헬렌에게 한 보드빌 공연단이 헬렌의 이야기를 연극으로 만들자고 했습니다. 주로 노동자들과 영어를 모르는 이민자들이 즐기는 보드빌*에 출연하면 품위가 떨어질 거라며 많은 친구들이 말렸습니다. 하지만 헬렌과 설리번 선생님은 보드빌에 나가기로 결정했습니다. 장애인에 대한 사람들의 편견을 없애는 데 더없이

> **보드빌**(voudeville)
> 춤과 노래와 서커스 등이 어우러진 종합 공연으로 주로 노동자층이 즐겼다.

큰 도움이 될 거라고 생각했기 때문이었습니다.

공연에는 헬렌과 설리번 선생님이 함께 출연했습니다. 무대의 커튼이 올라가면 설리번 선생님이 나와 헬렌을 소개합니다.

"세상 사람들은 모두 헬렌 켈러를 알고 사랑합니다. 헬렌은 인간이 맞닥뜨린 가장 큰 장애에 맞서 불평 없이 자신의 길을 개척했습니다. 그 결과 이제 헬렌은 인류에게 '행복의 별'이 됐습니다."

이런 소개와 함께 헬렌이 무대에 등장하면 설리번 선생님은 어떻게 헬렌을 가르쳤는지를 설명합니다. 이야기를 다 듣고 난 뒤 헬렌은 이렇게 말하며 연극을 끝맺습니다.

"제가 말하려는 것은 간단합니다. 저는 선생님의 가르침으로 어둠에서 깨어나 삶의 기쁨을 알게 됐습니다. 저는 벙어리였지만 지금은 말을 합니다. 이 모두가 다른 사람들 덕분입니다. 그들의 사랑을 통해서 제 영혼과 행복을 발견했습니다. 이것은 무엇을 의미합니까? 서로 의지하면서 서로를 위해서 살아야 한다는 것입니다. 우리가 혼자서 할 수 있는 일은 별로 없습니다. 그렇지만 함께하면 많은 일을 할 수 있습니다. 사랑만이 우리 사이에 서 있는 벽을 무너뜨릴 수 있습니다. 이것이 제가 여러분께 드리는 희망의 메시지입니다."

공연이 끝난 뒤 사람들은 헬렌에게 여러 가지 질문을 쏟아 냅니다. 어리석은 질문들도 많지만 헬렌은 재치 있게 받아넘깁니다.

"결혼은 생각하나요?"

"그럼요, 제게 청혼하시겠어요?"

"잠잘 때 눈을 감고 자나요?"

"그럴 거라고 생각하지만, 눈을 뜨고 자는지 보려고 깨어 있은 적이 없어서 확실히는 모르겠네요."

"큐 클럭스 클랜에 대해선 어떻게 생각하시죠?"

"미쳐서 날뛰는 무법자예요."

이렇게 영화니 연극이니 하며 바쁘게 지내면서도 헬렌은 매사추세츠 시각장애인 위원회에서 일하는 한편, 실명 예방과 시각장애인 교육을 촉구하는 글을 꾸준히 썼습니다. 미국 시각장애인 재단에도 참여했습니다. 재단과 함께 헬렌은 장애인에게도 비장애인과 동등한 교육 기회를 제공하도록 요구하는 캠페인을 벌이는 등 수많은 일을 했습니다. 캠페인을 하면서 국회의원이나 대통령에게 지원을 요청하는 편지를 쓰는 일도 헬렌의 몫이었습니다.

헬렌의 노력 덕에 장애인 교육법이 통과됐고 장애인의 삶을 지원하는 여러 가지 법률도 제정됐습니다. 1929년에는 미국에 처음으로 시각장애인 전용 국립 도서관도 마련됐습니다. 또 실명을 가져올 수 있는 위험을 알리고 예방하는 운동을 펼치는 실명 예방 협회도 만들어

큐 클럭스 클랜(Ku Klux Klan)
백인 우월주의를 내세우는 미국의 극우 비밀 결사. KKK단이라고 불린다.

졌습니다.

헬렌은 특히 자신처럼 시청각 장애를 가진 사람을 위한 일에 열심이었습니다. 시청각 장애를 가진 사람들은 시각 장애나 청각 장애처럼 한 가지 장애만 가진 이들보다 훨씬 더 많은 어려움을 겪고 있었습니다. 이들을 교육하는 일 역시 더욱 힘들어서 다른 장애인에 비해 교육받을 기회도 적었습니다. 헬렌은 이들도 제대로 교육을 받는다면 이 사회에서 제 몫을 할 수 있다고 확신했습니다. 헬렌 역시 보지도 듣지도 말하지도 못했지만, 교육을 통해 이렇게 활동하게 됐으니까요.

헬렌은 시청각장애인들에게 교육 기회를 주는 제도를 마련해 달라는 편지를 수많은 사람들에게 보냈습니다. 헬렌의 호소는 여러 사람의 마음을 움직였습니다. 미국 시각장애인 재단의 도움을 얻어 1945년 시청각장애인 협회가 만들어졌고 미국 정부도 시청각장애인들에게 교육 기회를 제공하는 방안을 마련했습니다.

헬렌은 제2차 세계대전이 일어났을 때 부상으로 장애인이 된 병사들을 위로하고 격려하는 일에 직접 나서기도 했습니다. 이 역시 장애인에 대한 헬렌의 극진한 사랑에서 비롯된 것입니다. 평화를 사랑하고 전쟁을 미워한 헬렌은 인간의 삶을 파괴하는 잔혹한 전쟁에는 강력하게 반대했습니다. 그렇지만 전쟁에 나가 희생을 치른 젊은이들에 대해서는 언제나 안타까워했습니다.

1943년 헬렌이 처음으로 부상 병사들을 위문하러 갔을 때 그들은 별다른 기대를 하지 않았습니다. 헛된 꿈을 불어넣는 다른 위문단과 다를 바 없을 거라고 지레짐작했습니다. 그러나 평생 장애를 가지고 살았지만 한 번도 희망을 잃지 않고 극복해 낸 헬렌의 이야기를 듣고는 달라졌습니다. 보지도 듣지도 못하는 암흑의 장막을 스스로 걷어 낸 이야기를 들으며 병사들은 장애를 극복할 수 있다는 새로운 희망을 품게 됐습니다. 헬렌은 병사들의 손을 하나하나 잡아 주며 말했습니다.

"이제 여러분은 옛날과 같은 자유를 누리지는 못할 겁니다. 하지만 장애인이 된다고 모든 것이 달라지지는 않습니다. 앞이 안 보이거나 다리를 잃었다 할지라도, 친구와 가족 그리고 책 등 여전히 우리를 즐겁게 맞아 주는 세상이 있습니다. 인생은 절망하기에는 너무 아름답습니다."

헬렌의 이야기를 듣고 감동한 한 병사는 "헬렌 켈러 선생님이 볼 수 있다면 제 눈이라도 드리고 싶다"는 편지를 보내왔습니다. 또 헬렌이 방문한 육군 병원의 책임자였던 한 장군은 "당신은 우리 병원을 방문한 가장 인상적이고 감동적인 분이었습니다. 어떤 할리우드 스타보다도 병사들에게 큰 희망을 안겨 주었습니다"라고 감사의 편지를 보냈습니다.

15. 사회 개혁가 헬렌

장애인으로서 장애인의 처지를 개선하는 운동에 나서면서 헬렌은 점차 사회 문제에 눈떴습니다. 장애인의 문제가 단순히 개인의 문제가 아니라는 사실을 안 것입니다. 시각장애인의 현실을 조사하는 위원회의 위원으로 임명된 게 계기가 됐습니다.

시각장애인들의 처지를 조사해 보기 전에는 헬렌도 시력을 잃는 것은 인간이 어찌할 수 없는 불운 탓이라고만 생각했습니다. 자신이 열병에 걸려서 장애인이 되었듯이 말입니다. 그러나 시각장애인이 되는 이유는 그 밖에도 많았습니다. 일터에서 시력을 잃은 공장 노동자들도 있었습니다. 헬렌이 조사한 어떤 여성은 먼지투성이 공장에서 일하다가 안염에 걸렸습니다. 제대로 치료하면 나았겠지만, 돈이 없어 병원에 가지 못해 결국 눈이 멀고 말았습니다. 또 기계의 안전장치가 제대로 움직이지 않아 몸이 바퀴 속으로 빨려 들어가는 바람에 눈을 다쳐 실명한 노동자도 있었습니다.

헬렌은 조사를 하면서 시각장애인이 되는 것이 불운 탓만은 아님을 알게 됐습니다. 회사의 사장들이 노동자들의 안전에 좀 더 신경을 썼더라면, 그리고 가난한 이들도 병원에서 제대로 치료를 받았더라면 막을 수도 있었던 일입니다.

조사를 마친 뒤 헬렌은 기자회견에서 이렇게 말했습니다.

"한때 저는 우리가 자신의 운명의 주인이라고 믿었습니다. 원하는 대로 우리 삶을 만들어 갈 수 있다고도 생각했습니다. 제가 장애를 극복해서 행복을 되찾은 것처럼, 다른 사람도 온몸으로 장애를 극복하기 위한 투쟁에 나선다면 운명에 맞서 승리할 수 있다고 생각했습니다. 그러나 이 나라에 대해 알면 알수록 점점 그런 확신이 줄어듭니다. 이 세상에서 성공할 수 있는 힘이 우리 모두에게 다 주어진 것은 아니라는 사실을 알게 됐다고나 할까요."

그 뒤 헬렌은 노동자들의 현실을 고발한 책들을 찾아 읽었습니다. 회사를 운영하는 사람들이 노동자들의 처지에 조금만 신경 쓰면 막을 수 있는 재난을 왜 모른 척하는지 알아보기 위해서였습니다. 책을 읽으면서 그런 일이 일어나는 것은 단순히 사장 한 사람이 나빠서가 아니라는 사실을 알게 됐습니다. 이 사회 전체가 돈을 가장 중요한 가치로 생각하고, 돈을 중심으로 움직이기 때문이라는 사실을 깨달은 것입니다.

「뉴욕 트리뷴」 기자와 가진 인터뷰에서 헬렌은 이렇게 말했습니다.

"그 책들을 통해 저는 잠에서 깨어났고 새로운 세상을 보게 됐어요. 그 세상은 제가 이전에 살던 아름다운 세상과 완전히 달랐어요. 한동안 저는 절망에 빠졌어요. 그러다가 조금씩 자신감을 되찾으면서 또 다른 사실을 깨달았어요. 우리 상황이 그토록 나쁘다는 게 놀라운 게 아니라 우리 인류가 그토록 나쁜 상황을 극복하면서 진보해 왔다는 사실이 놀랍다는 점을요. 그래서 저는 이제 세상을 바꾸기 위해 싸우기로 결심했어요."

낙관주의자인 헬렌은 나쁜 상황에 좌절하지 않고, 인류의 진보에 대한 확신을 가지고 더 평등하고 인간다운 사회를 만들기 위한 싸움에 나선 것입니다. 헬렌은 모든 억압과 불평등에 맞서 싸웠습니다. 여성의 동등한 권리를 위해 싸웠고, 인종주의에 반대하기 위해 싸웠습니다. 그러나 가장 열심히 했던 일은 노동자들의 편에 서서 그들의 투쟁을 지지한 것입니다.

1912년 1월, 레이스를 짜는 로렌스라는 공장에서 파업이 일어났습니다. 매사추세츠 주가 어린이와 여성의 노동 시간을 단축하는 법을 만들자, 로렌스 공장을 갖고 있는 아메리칸 울 컴퍼니라는 회사는 줄어든 노동 시간만큼 노동자들의 임금을 깎아 버렸습니다. 어린이와 여성을 포함하여 분노한 노동자들은 파업에 나섰습니다. 회사 쪽은 파업에 참여하지 못하도록 어린 노동자들을 때리고 가뒀지만 파업은 2개월이나 계속됐습니다.

언론들은 다투어 이 공장의 끔찍한 노동 조건을 전했습니다. 공장에는 제대로 된 창문이 없어 햇빛이 전혀 들지 않았습니다. 물론 환기도 제대로 되지 않았습니다. 공장 안은 먼지투성이였습니다. 이런 환경 때문에 공장 노동자 백 명 가운데 서른여섯 명이 스물다섯 살도 못 돼 폐결핵 등으로 죽어 나갔습니다. 끔찍한 작업 환경에서 일하는데도 임금은 먹고 살기에 빠듯했습니다. 그런데 그마저 깎겠다고 하니 분노하지 않을 수 없었던 것입니다.

헬렌은 열 살 남짓한 어린이와 젊은 여성들이 열두 시간 이상의 장시간 노동에 시달리다 피어 보지도 못하고 죽어 간다는 사실을 전해 듣고 너무나 가슴이 아팠습니다. 비록 앞을 못 보는 처지이지만 헬렌은 파업 현장으로 달려갔습니다. 어린이 노동자를 포함한 많은 노동자들이 헬렌을 큰 함성으로 환영했습니다. 그들 앞에 나선 헬렌은 떨리는 목소리로 입을 열었습니다.

"우리가 입고 있는 이 하얀 레이스를 짠 직조공의 시든 얼굴은 이 레이스마냥 창백하기만 합니다. 이 노동자들이 인간답게 살도록 노동 조건을 개선해 주지 않은 채 이런 레이스 옷을 입는 것은 부끄러운 일입니다."

발음은 분명하지 않았지만, 노동자들은 온 국민의 사랑을 받는 헬렌이 그들의 처지에 공감하고 그들을 지원하기 위해 달려왔다는 사실에 열광했습니다. 노동자들의 투쟁과 헬렌 같은 이들의 지원 덕분에 파업은 60일 만에 노동자들의 승리로 끝났습니다. 회사 쪽은 노동자들의 임금을 깎지 않고 작업 환경도 개선하겠다고 약속했습니다.

로렌스 공장 파업이 성공적으로 마무리된 뒤 헬렌은 뉴욕과 워싱턴의 저임금 공장과 혼잡한 빈민가를 방문했습니다. 그곳 상황도 그리 나을 것이 없었습니다. 공장은 해로운 냄새로 가득 차 있었습니다. 공

장 주변 빈민촌에는 제대로 먹지 못해 제 또래보다 훨씬 키가 작은 어린이들이 어린 동생을 돌보고 있었습니다. 학교에 갈 나이가 돼도 이 아이들에게 학교는 그림의 떡일 뿐입니다. 공장에 나간 어머니를 대신해 어린 동생을 돌보아야 하기 때문입니다.

이런 현실을 알면 알수록 헬렌은 왜 세상이 이 모양인가 고민하지 않을 수 없었습니다. 욕심을 버리고 조금씩만 나눈다면 여러 사람이 함께 행복하게 살 수 있을 텐데 말입니다. 결국 헬렌은 이 사회를 지배하고 있는 물질주의 탓이라고 생각했습니다. 더 많이 갖는 것만이 최선이라고 가르치는 물질주의가 인간의 이기심과 욕심을 부추기고 맹목적인 경쟁에 나서게 만드니까요.

헬렌은 물질주의는 결코 인간을 행복하게 만들 수 없다고 생각했습니다. 아무리 돈이 많고 좋은 물건을 많이 가져도 더 많은 돈, 더 좋은 물건을 갖기 위한 경쟁을 계속해야 되기 때문이죠. 끝없는 경쟁 속에서는 어느 누구도 만족할 수도, 행복할 수도 없습니다. 헬렌은 물질주의에 반대하고 삶의 진정한 가치를 찾도록 촉구하는 글을 쓰고, 집회에 나가 연설을 했습니다.

노동 문제를 살펴보면서 헬렌은 여성 노동자들의 처지가 남성들보다 훨씬 나쁘다는 것을 알게 됐습니다. 같은 일을 해도 여성은 남성보다 돈을 더 적게 받았습니다. 집에 돌아가면 또 집안일에 시달려야 했습니다. 일을 더 많이 하고도 여성들이 제대로 대우받지 못하는 이유를 헬렌은 곰곰이 생각했습니다. 무엇보다 여성들이 제대로 교육받지 못하고 있기 때문이었습니다.

헬렌 자신이 경험했듯이 당시 사회에서는 교육받은 여성들을 탐탁지 않게 여겼습니다. 여성들을 뽑는 대학도 별로 없었습니다. 교육을 못 받은 여성들은 공장에 들어가도 좋은 자리에 오를 수 없었습니다. 더군다나 당시 여성들에게는 선거에 출마할 권리는 물론 자신의 대표를 뽑을 선거권도 없었습니다. 여성과 장애인에 대한 온갖 편견을 무릅쓰고 대학에 진학했던 헬렌으로선 이런 현실을 받아들일 수 없었습니다.

헬렌은 기회가 있을 때마다 자신의 경험에 비춰 왜 여성들이 교육을 받아야 하는지 설명했습니다. 1913년에 발표한 「대학에 가는 사람을 위한 변명」이라는 글에서 헬렌은 자신이 대학에 가고자 했을 때 아버지가 "시청각장애인이 대학에 간 적은 없어. 왜 남들이 아무도 안 하는 일을 하려는 거지? 대학 입학시험에 합격한다 하더라도 학업을 계속할 수는 없을 거야. 책도 없지, 강의도 들을 수 없지, 필기도 할 수 없잖아. 이렇게 뻔히 실패할 수밖에 없는 일을 하려고 하다니 넌 정말 바보다"라며 말린 사실을 전합니다. 물론 아버지 외에도 많은 사람들이 같은 이야기로 헬렌을 말렸습니다. 하지만 헬렌은 그들이야말로 남들이 이미 해 놓은 일 말고는 아무것도 못 한다고 믿는 겁쟁이라고 비판합니다. 어려움이 있을지라도 도전하는 용기가 있을 때에만 삶의 새로운 지평을 열 수 있다는 것이지요.

여성이 교육을 받고 자신의 권리를 주장하겠다고 나서는 일은 그때만 해도 커다란 도전이었습니다. 그러나 그 수는 많지 않았지만 여성의 권리에 눈뜬 여성들은 점점 늘어났습니다. 영국을 비롯한 유럽 여러 나라와 미국에서도 여성 참정권을 요구하는 목소리가 높아지고 있었습니다.

헬렌은 세상의 절반인 여성들이 제 목소리를 낼 때 세상은 달라질 수 있다고 확신했습니다. 당시 세계는 식민지를 뺏기 위한 유럽 여러 나라의 싸움으로 아주 혼란스러웠습니다. 헬렌은 제1차 세계대전 직전의 이런 불안한 상황은 남성들이 여성들을 빼놓은 채 세상일을 결정하기 때문이라고 보았습니다. 1913년 「뉴욕 콜」이라는 신문에 쓴 글에서 헬렌은 전쟁을 막기 위해서도 여성에게 투표권을 주어야 한다고 주장했습니다.

남자들이 쓴 역사와 소설 그리고 시는 전쟁을 미화합니다. 전쟁에 나가 나라의 지배자를 위해서 목숨을 바치는 것이 곧 나라를 사랑하는 일인 양 그리고 있습니다. 학교들이 그런 생각을 가르치는 한 전쟁은 계속될 겁니다. 하지만 여성들은 생명을 소중하게 여깁니다. 싸움보다는 평화를 추구합니다. 그러므로 여성들이 투표권을 갖는다면, 전쟁을 막고 전쟁을 가능하게 만드는 생각을 없애기 위해서 그 투표권을 행사할 겁니다. 여성들은 아이들에게 전쟁 영웅보다 평화 영웅을 더 기리도록 가르칠 것입니다.

헬렌은 이어 진정한 민주주의란 남성과 여성이 함께 문제를 해결하기 위해 머리를 맞댈 때 비로소 가능하다며, 여성에게 참정권을 주는 것은 민주주의를 완성하고 자유·평등·박애라는 인류의 오랜 꿈을 앞당기는 길이라고 강조했습니다.

헬렌의 이런 호소와 여성들의 줄기찬 노력으로 미국에서는 제1차 세계대전이 끝난 뒤인 1920년부터 스물한 살 이상의 여성은 남성과 동등한 참정권을 얻게 되었습니다. 그 이후 영국 등 유럽 여러 나라가 미국을 뒤따랐고 우리나라에서는 해방 이후 처음으로 제정된 헌법에서 여성의 참정권을 허용했습니다.

참정권을 얻은 뒤 여성들은 점차 다양한 분야에서 남성과 동등한 권리를 얻었습니다. 여러 나라에서 여성 대통령이 나왔고 커다란 기업의 최고 경영자가 된 여성도 있습니다. 그러나 아직도 완전한 남녀평등은 이뤄야 할 과제로 남아 있습니다. 남성과 여성의 임금 차이와 사회적 차별은 여전히 존재하기 때문입니다. 하지만 헬렌과 같은 사람들의 노력이 없었더라면 지금 정도의 남녀평등이 이뤄지기도 어려웠을지 모릅니다.

이처럼 헬렌이 사회 문제에 각별하게 관심을 쏟던 시기는 세계가 전쟁으로 소용돌이치던 때였습니다. 세계 곳곳에서 식민지를 빼앗기 위한 싸움이 벌어졌고, 1914년에는 제1차 세계대전까지 일어났지요. 장애인, 노동자, 여성 들처럼 사람다운 대접을 제대로 못 받는 이들도 차별 없이 인간 존엄성을 인정받고 사랑받아야 한다고 생각했던 헬렌으로서는, 사람이 사람을 죽이는 것을 정당화하는 전쟁을 결코 받아들일 수 없었습니다. 헬렌은 세계대전을 반대하는 일에도 적극적으로 참여했습니다. 「뉴욕포스트」에 기고한 글에서 헬렌은 자신이 이 전쟁에 반대하는 이유를 이렇게 말했습니다.

저는 무조건 평화만을 추구하는 사람은 아닙니다. 전쟁은 유감스러운

일이라고 생각하지만, 프랑스혁명 동안 쏟은 수천 명의 피에 대해서는 결코 유감으로 여기지 않습니다. 그들이 피를 흘림으로써 자유·평등·박애가 인류의 소중한 가치로 우뚝 섰기 때문입니다. 그러나 이 전쟁은 그렇지 않습니다. 이 전쟁은 인간의 탐욕과 이기주의를 채우기 위한 전쟁에 지나지 않기 때문입니다.

헬렌은 이런 추악한 전쟁을 위해 젊은이들이 피를 흘리고 죽어 가는 것이 너무나 안타까웠습니다. 돌이킬 수 없는 상처를 입고 돌아온 부상병들은 평생 장애를 가지고 살아가야 합니다. 헬렌은 이런 사태를 막기 위해서라도 전쟁은 막아야 한다고 생각했고, 이 생각을 전하

기 위해 여기저기 반전 집회에 나가 연설을 했습니다.

　헬렌은 맹목적인 반전 운동가는 아니었습니다. 제2차 세계대전이 일어났을 때 헬렌은 연합군을 지지했습니다. 이 전쟁 역시 식민지를 빼앗기 위한 싸움이었습니다. 그러나 전쟁을 일으킨 독일의 히틀러는 미치광이 같았습니다. 히틀러는 사람을 우수한 인종과 열등한 인종으로 나누고 열등한 인종을 모두 없애 버려야 한다고 생각했습니다. 유대인 대학살이 이뤄진 것도 그런 생각에 따른 것이었죠. 모든 인간의 평등과 박애를 믿는 헬렌은 그런 생각을 도저히 받아들일 수 없었습니다. 이런 상황에서는 전쟁에 반대하는 것보다 히틀러의 광기를 막는 일이 더 급한 일이라고 여겼습니다.

　그러나 헬렌은 『나의 스승 설리번』에서 당시로서는 그런 활동을 하지 않을 수 없었지만, 돌이켜 생각해 보면 천상의 법칙인 평화를 저버린 것만 같아 마음이 아프다고 썼습니다. 평화에 대한 헬렌의 믿음이 얼마나 굳건했는지 알 수 있습니다.

16. 쏟아지는 비판에 당당히 맞서다

　장애인과 여성 그리고 노동자를 위한 헬렌의 활동은 장애인이나 여성 그리고 노동자 들로부터는 큰 박수를 받았습니다. 불굴의 의지로 미국 국민뿐만 아니라 온 세상 사람들의 마음을 사로잡은 헬렌이 그들 편에 섬으로써 큰 힘이 되었던 까닭입니다. 헬렌이 집회에 나선다는 소식이 전해지면 그 어느 때보다 많은 사람들이 모여들었습니다.

그러나 이런 헬렌을 비판하는 사람들도 없지 않았습니다. 그들은 헬렌이 존 메이시와 설리번 선생님의 꼬임에 넘어가서 알지도 못하고 떠벌린다고 비판했습니다. 대학 시절 헬렌의 글쓰기를 도와줬던 메이시는 설리번 선생님과 결혼했습니다. 메이시는 노동 문제를 비롯한 사회 문제에 관심이 많았고, 활발하게 활동했습니다. 헬렌이 처음 사회 문제에 눈을 뜨게 된 데는 메이시의 영향이 없지 않았습니다.

그러나 헬렌이 쓴 『나의 스승 설리번』을 보면, 설리번 선생님은 사회 문제에 별다른 관심을 보이지 않았습니다. 헬렌은 사회 문제에 대해 토론할수록 선생님과 거리를 느낄 수밖에 없었다고 말합니다. 헬렌이 대중 집회에 나가 사회 문제와 관련해 지나치게 강한 주장을 펴면 선생님은 지그시 손을 눌러 주의를 줄 정도였다고 합니다.

하지만 억눌린 사람들의 고통을 외면할 수 없었던 헬렌은 선생님의 만류에도 아랑곳 않고 사회 문제에 대해 점점 강하게 의견을 주장했습니다. 그럴수록 헬렌에 대한 비판도 높아졌습니다. 한때 헬렌을 세계 8대 불가사의니 천사 소녀니 하며 찬사를 퍼붓던 신문들 가운데 상당수가 비판하는 쪽으로 돌아섰습니다. 「뉴욕타임스」는 노동자들이 눈먼 헬렌 켈러를 이용한다고 비판했습니다. 「브루클린 이글」이라는 신문은 헬렌의 잘못된 판단은 신체 발달의 분명한 한계에서 비롯됐다고 쓰기까지 했습니다.

이에 대해 헬렌은 주저하지 않고 강력하게 반박했습니다.

"지금 저를 비판하는 신문들은 과거에는 제게 다시 떠올리기도 얼굴이 화끈거릴 만큼 갖은 찬사를 퍼부었던 신문들입니다. 그런데 제가 노동자들을 지지하자 이제 장애인이란 사실을 지적하면서 그것이 마치 잘못된 것인 양 말하고 있습니다. 그들은 제 사상을 공격하지 않고 비열하게도 제가 장애를 가졌다는 사실을 환기시킵니다. 이것은 공정한 싸움이 아닙니다."

신문들의 이런 태도를 봐도 장애인에 대한 세상의 편견이 얼마나 깊은지 확인할 수 있습니다. 아무리 뛰어난 장애인이라 할지라도 세상일에 대해선 비장애인만큼 올바르게 판단할 능력이 없다는 게 그들의 생각이었지요. 평생을 장애인에 대한 편견을 극복하기 위해 싸워온 헬렌 켈러로서는 견디기 힘든 모욕이었습니다.

하지만 헬렌은 장애인과 노동자의 처지가 근본적으로 다르지 않다고 생각했습니다. 장애인이 육체적 장애라는 억압 속에서 신음하듯이, 노동자 역시 불평등한 사회 구조 속에서 힘겹게 살고 있는 것입니다. 헬렌을 이해하는 사람들은 헬렌이 장애인이기 때문에 더더욱 힘없는 노동자들이나 여성들의 어려움을 공감하고 이들을 위한 운동에 나섰다고 보았습니다. 헬렌의 활동을 보도한 「뉴욕포스트」의 기사를 보면 잘 알 수 있습니다.

> 헬렌 켈러는 눈멀고 귀먹었습니다. 그러나 눈멀었기 때문에 노동자들을 둘러싼 억압을 보고, 귀먹었기 때문에 분노한 인도주의의 함성을 들을 수 있습니다. 헬렌의 연설은 억압받는 사람들을 위한 정의를 요구하는 정당한 외침일 뿐입니다.

그렇습니다. 헬렌은 세상 사람들이 아무리 세계 8대 불가사의니 하며 떠받들어도 장애인에 대한 세상의 깊은 편견을 느끼지 않을 수 없었습니다. 편견으로 가득 찬 세상을 헤치며 살아가다 보니 어려운 처지에 있는 이들에게 쉽게 공감했습니다. 그리고 그들의 처지를 살피는 글을 읽거나 직접 만나면서 장애인, 여성, 노동자 등 사회 약자들은 결국 같은 처지라는 사실을 알게 된 것입니다.

맹목적이고 편견에 찬 사회적 비난은 그나마 견디기 쉬웠습니다. 신념에 대한 확신이 있었으니까요. 하지만 가족이나 시각장애인 재단까지 헬렌의 정치적 견해를 달가워하지 않는 것은 정말 힘든 일이었습니다.

정부의 지원과 부유한 사람들의 기부에 의존해야 하는 시각장애인 재단으로서는 헬렌이 가난한 노동자를 편들고 정부 정책에 반대하자 골치가 아팠습니다. 부유한 자선가들 가운데 헬렌이 그런 활동을 하

는 한 재단에 기부를 안 하겠다고 위협하는 이들도 나타났습니다. 시각장애인 재단에서는 헬렌의 활동을 제지하려고 온갖 노력을 다했습니다. 가족들에게 헬렌을 설득해 달라고 요청하기도 하고, 자신들의 처지를 호소하기도 했습니다. 때로는 헬렌이 재단에서 손을 뗐으면 하는 뜻을 전하기도 하고요.

헬렌은 정치 신념과 장애인들의 현실 앞에서 고민하지 않을 수 없었습니다. 노동자들의 처지를 생각하면 그들을 위해 목소리를 내지 않을 수 없지만, 처지가 더 열악한 장애인들을 돕기 위해서는 부유한 이들의 자선이 필요했으니까요.

미국 정부 역시 헬렌이 노동자들의 편을 들고 전쟁에 반대하기 위해 각종 정치 집회에 모습을 드러내는 일을 탐탁하지 않게 여겼습니다. 정부의 정책을 거침없이 비판하는 헬렌의 발언이 많은 국민들에게 영향을 끼쳤기 때문입니다. 미국 연방 수사국은 헬렌을 감시 대상에 올려놓았습니다. 헬렌이 누구와 만나는지, 어떤 이야기를 하는지 모두 다 수사국의 파일에 기록됐습니다. 때로는 직접적으로 헬렌에게 조심하라고 경고했습니다. 그래도 정의와 평화를 구하는 헬렌의 노력은 멈추지 않았습니다.

1950년대 미국에서는 진보적인 생각을 하는 많은 사람들이 공산주의자로 몰려 쫓겨나거나 죽임을 당했습니다. 매카시라는 미국 상원 의원이 미국 사회를 비판하거나 사회 각 부문에서 활동하는 진보적인 생각을 가진 사람을 모두 공산주의자로 몰아붙인 까닭입니다. 매카시의 이런 행동은 매카시즘이라고 불렸습니다. 매카시즘의 거센 바람 속에서 아무 관련 없는 사람들조차 공산주의자로 몰리는 일도 많이 있었습니다.

　헬렌의 친구들은 이러다가 그 역시 마녀사냥의 대상이 될지 모른다며 헬렌의 사회 운동을 말리고 나섰습니다. 그렇지만 매카시즘의 광풍도 헬렌을 어찌하지는 못했습니다. 아무리 매카시라 하더라도 '힘없는' 장애 여성이 나라를 뒤집어엎으려 한다고 비난하다간 그런 자신이 실없는 사람이 되리라는 것을 알았기 때문입니다.

　헬렌이 이렇게 온갖 압박과 비판에도 좌절하지 않고 버틸 수 있었던 힘은 신앙심에 기초한, 뿌리 깊은 낙관주의였습니다. 자신이 도저히 극복하기 어려울 것 같은 장애를 이겨 냈듯이 인류도 온갖 어려움을 극복하고 진보해 왔다는 게 헬렌의 생각이었습니다. 인생은 불가능에 대한 도전이라고 생각했고, 어려운 일이 나타나면 새로운 도전거리로 받아들였습니다.

　헬렌은 이런 자신의 생각을 「낙관주의」라는 짧은 글을 통해 설명하고 있습니다.

17. 낙관주의

　우리 대부분은 행복을 삶의 목표로 삼습니다. 그런데 사람들은 행복을 신체적인 즐거움이나 물질적 소유로 잽니다. 행복이 그런 것이라면 듣지도 보지도 못하는 저는 한구석에서 움츠린 채 눈물을 흘려야 할 것입니다. 그러나 이런 제가 행복하다면, 그리고 그 행복이 신앙처럼 깊다면, 다시 말해 제가 낙관주의자라면 낙관주의에 대한 제 신념의 증언을 들어 볼 만하지 않습니까?

　한때 저는 아무런 희망이 없는 구렁텅이에 있었고, 모든 것 위에 드리운 어둠을 알았습니다. 그런데 사랑이 다가와 저의 영혼을 해방시켰습니다. 한때 저는 어둠과 정적밖에 몰랐지만, 지금은 희망과 기쁨을 압니다. 한때 저는 괴로움에 사로잡혀 나를 가둔 벽을 쳤으나 지금은 생각할 수 있고 행동할 수 있으며 천국에 도달할 수도 있음을 알기에 기쁩니다. 제 삶에는 과거도 미래도 없었으나, 몇 마디 단어가 다른 사람의 손가락을 거쳐 제 손으로 들어온 뒤, 제 가슴은 삶의 즐거움에 기뻐 뛰기 시작했습니다. 밤은 생각의 낮 앞에서 도망치고, 사랑과 기쁨 그리고 희망이 생겨났습니다. 그런 감옥에서 벗어난 사람이 어떻게 비관주의자가 될 수 있겠습니까?

　그렇다고 저의 낙관주의가 근거 없는 자기만족은 아닙니다. 어떤 시인은 제가 황량하고 차가운 현실을 모르고 아름다운 꿈속에서 살기 때문에 행복할 것이라고 했습니다. 저는 아름다운 꿈속에서 삽니다. 그러나 그 꿈은 실제적이고 현재적이며, 차갑지 않고 따뜻하며, 황량하지 않고 수많은 축복으로 가득 차 있습니다. 그 시인이 잔인한 깨달음이라고 생각한 악 자체는 온전한 기쁨을 알기 위해 필요한 것입니다. 악과 만남으로써 저는 비로소 진실과 사랑과 선의 아름다움을 느낄 수 있었습니다.

선만 생각하고 악을 무시하는 것은 잘못입니다. 무지와 무관심에서 나온 위험한 낙관주의가 있습니다. 얼마나 많은 부유하고 선량한 사람들이 수백만 명이 넘는 이웃이 짐승처럼 매매되는 현실에 눈감은 채 좋은 것에만 눈을 돌립니까? 고쳐야 할 많은 문제점이 있는 이때, "만세, 우리는 괜찮아! 이곳이 세상에서 제일 좋은 나라야"라고 주장하는 경솔한 낙관주의를 저는 믿지 않습니다. 그것은 잘못된 낙관주의입니다. 자신을 낙관주의자라고 말할 수 있는 사람은 먼저 악을 이해하고 슬픔을 알아야 합니다.

저는 악과의 투쟁이야말로 커다란 축복이라고 확신 있게 말할 수 있습니다. 그 투쟁으로 우리는 강하고 참을성 있으며 쓸모 있는 사람이 됩니다. 그 투쟁은 세계가 고통으로 가득 차 있지만, 마찬가지로 그 고통을 극복한 일로 가득 차 있기도 하다는 것을 가르쳐 줍니다. 그러므로 저의 낙관주의는 악이 없다는 헛된 믿음에 터 잡은 것이 아니라 선이 결국 악을 이기리라는 믿음에 터 잡고 있습니다.

낙관주의는 실제로 제 마음속에 있습니다. 세상으로 눈을 돌려도 제 생각은 달라지지 않습니다. 바깥세상은 선으로 충만한 저의 내면세계가 정당하다는 것을 증명해 줍니다. 대학 시절, 독서는 선을 발견해 내는 과정이었고, 문학, 철학, 종교, 역사에서 제 믿음의 증거를 찾았습니다.

밖에는 우리가 역사라고 부르는 거대한 사건들의 덩어리가 있습니다. 이 덩어리를 보면서 저는 역사가 신의 섭리 안에서 이루어지고 있음을 봅니다. 인간의 역사는 진보의 서사시입니다. 역사의 동틀 녘으로 거슬러 올라가면 통제할 수 없는 자연의 힘 앞에서 두려움에 떨며 도망치는 인간이 보입니다. 그러나 인간은 상상의 변화를 통해 점차 두려움에서 해방되고 문명화됩니다. 고난을 겪으면서 머리 위를 덮을 지붕 만드는 법을 배우고, 생명과 가정을 지키는 법을 배웁니다. 고난을 통해서 정의를 배우고, 동료들과의 투쟁을 통해서 옳고 그름을 배웁니다.

모든 믿음의 가치는 그것이 삶에 끼치는 실질적인 효과로 나타납니다. 낙관주의가 세상을 앞으로 나아가게 만들고 비관주의가 후퇴시키는 것이 맞다면, 비관주의 철학을 전파하는 것은 위험합니다. 비관론자들이 본다면 저는 무시무시한 고독 속에 앉아 공포와 절망에 사로잡혀 있어야만 합니다. 그러나 저는 행복해지는 것이 나 자신은 물론 다른 사람에 대한 의무라고 여기기 때문에 어떤 육체적 장애보다도 더 나쁜 불행에서 벗어나려고 합니다.

　우리는 세계의 철학자들이 낙관주의자였음을 압니다. 마찬가지로 무언가를 위해 행동하고 성취해 낸 사람들 역시 낙관주의자입니다.

　발랑탱 아우이 박사가 시각장애인에게 읽는 법을 가르치겠다고 했을 때, 그는 이것을 어리석다고 비웃는 비관주의에 직면했습니다. 그가 인간의 영혼은 그것을 구속하는 무지보다 강하다는 것을 믿지 않았다면, 그리고 낙관주의자가 아니었다면, 아우이 박사는 시각장애인들의 손가락을 새로운 도구로 변화시킬 수 없었을 것입니다.

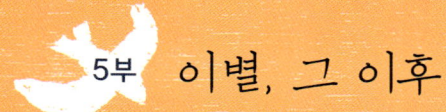

5부 이별, 그 이후

18. 설리번 선생님을 떠나보내다

헬렌이 왕성한 사회 활동을 하는 데는 설리번 선생님의 도움이 컸습니다. 선생님에겐 세상 그 무엇보다도 헬렌이 소중했습니다. 심지어 남편 메이시가 헬렌과 자신 가운데 한쪽을 택하라고 하자 이혼을 선택할 정도였습니다. 그만큼 헬렌을 소중하게 여겼기에, 설리번 선생님은 헬렌의 대중 강연 통역을 결코 남에게 맡기지 않았습니다. 헬렌이 쓴 글을 가장 먼저 읽고 의견을 말하는 것도 선생님의 몫이었습니다.

이런 일들은 그렇지 않아도 안 좋은 선생님의 시력을 점점 더 약하게 만들어 1930년대에 들어서는 거의 앞을 못 볼 지경이 됐습니다. 하지만 선생님의 건강을 염려해 헬렌이 일을 좀 쉬려고 하면 선생님은 그때마다 "애야, 나보다 다른 어려운 이들을 먼저 생각해야 한다. 나야 좀 쉬면 괜찮으니 걱정 말고 나가서 일을 보려무나" 하면서 헬렌의 등을 떠밀었습니다.

1935년, 일본의 시각장애인 협회 대표자인 이와하시 다케오라는 사람이 헬렌을 찾아와 일본을 방문해 시각장애인들에게 힘을 불어넣어 달라고 간청했습니다. 헬렌은 갈수록 나빠지는 선생님의 건강 때문에 갈 수 없다고 거절했습니다. 이 이야기를 들은 선생님은 "놓쳐서는 안 될 좋은 기회다. 헬렌, 내 걱정 말고 다녀오렴" 하고 말했습니다.

"선생님께서 이렇게 편찮으신데, 선생님을 두고 떠날 수는 없어요. 전 절대로 못 갑니다."

헬렌이 이렇게 답하자 선생님은 거듭 말했습니다.

"헬렌, 그렇다면 내가 저세상으로 간 뒤라도 일본에 가서 그곳 장애인들에게 희망의 빛을 주겠다고 약속하렴."

결국 헬렌이 노력해 보겠다고 말하고 나서야 선생님은 안심한 듯 다른 이야기로 넘어갔습니다.

이후 선생님의 건강은 더욱 나빠졌습니다. 1년 가까이 입원과 퇴원을 반복하던 선생님은 헬렌과 함께 살던 집에서 마지막을 맞았습니다.

선생님이 숨을 거둔 1936년 10월 20일은 화창한 가을날이었습니다.

헬렌은 여덟시간 동안이나 꼼짝 않고 선생님의 곁을 지켰습니다. 손끝에 느껴지던 선생님의 숨결이 서서히 약해지고, 체온도 내려갔습니다. 선생님이 숨을 거두자 곁에 있던 친구들이 헬렌을 다른 방으로 데리고 갔습니다. 선생님의 죽음에 헬렌이 충격을 받을까 걱정해서였습니다.

한 시간쯤 지난 뒤, 설리번 선생님의 주검을 장례식장으로 옮기기에 앞서 친구들은 헬렌에게 선생님에게 마지막 인사를 하라고 했습니다. 헬렌은 침상 곁에 무릎을 꿇고 선생님 얼굴에 자신의 얼굴을 대어 보고는 깜짝 놀랐습니다. 선생님의 따뜻한 몸은 차디차게 식었고, 숨소리도 느낄 수 없었습니다. 두려움에 질린 얼굴로 "선생님이 아니야, 선생님이 아니야"라는 말만 되뇌었습니다.

두 사람의 관계를 생각하면 헬렌이 그토록 충격을 받는 것도 놀라운 일은 아니었습니다. 1887년 미국 앨라배마 주 터스컴비아 헬렌의 집에서 처음 만난 이래 거의 50년을 함께한 선생님이 헬렌 곁을 영영 떠나 버린 것입니다.

헬렌은 설리번 선생님을 통해 세상과 관계를 맺을 수 있었고, 선생님은 헬렌의 명성 덕분에 어느 정도 안온한 삶을 보낼 수 있었습니다. 두 사람은 단순히 선생과 제자의 관계를 넘어 서로에게 분신이나 다름없었습니다. 미국의 저명한 작가이자 헬렌의 든든한 후원자였던 클레멘스 선생님이 헬렌과 설리번 선생님은 두 사람이 아니라 한 사람

이별, 그 이후

이라고 말했듯이 두 사람은 완벽한 한 쌍이었습니다.

설리번 선생님에게 마지막 작별을 고하면서 헬렌은 선생님 없이 이 세상을 살아갈 수 있을지 두려웠습니다. 헬렌의 머릿속에서 선생님과 보낸 추억들이 주마등처럼 흘러갔습니다. 선생님을 처음 만났던 날, 선생님에게 배웠던 수화, 대학에 들어간 일, 함께 세계를 여행하고, 헬렌 자신의 이야기를 함께 영화로 만들고, 연극 무대에 함께 섰던 일 등등.

돌이켜보면 선생님은 격정에 가득 차 있으면서 때론 우울증에 빠지는 복잡한 성격이었습니다. 그러나 헬렌의 교육에 대해서만큼은 일관성이 있었고 지나치다고 할 만큼 엄격했습니다. 헬렌이 어릴 적에 시를 써야 할 시간에 꽃향기를 맡고 있자 하루 종일 한마디도 하지 않은 일도 있었습니다. 헬렌이 글을 쓰다가 철자를 틀리면 처음부터 다시 쓰게 했습니다. 비장애인들이 틀렸다면 아무렇지 않게 넘길 사람들이 헬렌이 틀리면 장애인이라 그렇다고 여길 것을 잘 알고 있었기 때문입니다.

선생님은 헬렌이 비장애인과 동등한 대우를 받으려면 그들보다 더 잘하지 않으면 안 된다고 귀에 못이 박이도록 이야기했습니다. 사람들이 헬렌을 동정하거나 과잉보호하는 것을 절대로 용납하지 않았습니다. 행여나 다른 사람들이 헬렌에게 할 말을 선생님에게 하면 불같이 화를 냈습니다. 헬렌에겐 헬렌 자신이 다른 비장애인과 다를 바 없다고 생각하도록 요구했고, 다른 사람들 역시 헬렌을 그렇게 대하도록 요구한 것입니다. 그렇기 때문에 선생님은 헬렌이 비장애인들이 할 수 있는 최고 수준에 이르렀을 때만 칭찬을 했습니다. 이만큼 엄격하게 교육했기에 헬렌이 다른 비장애인 학생들보다도 더 우수한 성적으로 대학을 졸업하고, 뛰어난 작가가 될 수 있었던 것입니다.

헬렌은 훗날 설리번 선생님에 관한 책을 써야겠다고 마음먹었습니다. 선생님은 가난한 아일랜드 이민자의 딸로 태어나 지독한 가난 속에서 부모를 잃고, 구빈원에서 동생마저 잃는 끔찍한 일을 겪었습니다. 그러나 그렇게 어려운 환경에서도 공부할 기회를 찾아내는 등 역경을 딛고 결국 훌륭한 교육자가 됐습니다. 이런 선생님의 삶은 많은 이에게 꿈과 희망을 줄 수 있을 것 같았습니다. 선생님과 주고받은 편지, 그동안 틈틈이 써 놓은 일기, 짬짬이 쓴 메모 등을 엮으면 그리 어려운 일도 아니었습니다.

그러나 선생님에 관한 책을 쓰겠다는 헬렌의 꿈은 생각만큼 쉽게 이뤄지지 못했습니다. 1946년 맹아학교 설립 캠페인을 펼치기 위해 이탈리아 로마에 머물고 있을 때의 일입니다. 헬렌이 묵고 있는 호텔방의 전화벨이 울렸습니다. 대서양 건너편에서 헬렌의 집이 불타 완전히 사라져 버렸다는 소식이 전화선을 타고 날아왔습니다. 헬렌이 애지중지하던 모든 것들이 잿더미가 돼 버렸습니다.

많은 사람들이 보낸 귀중한 선물, 헬렌이 읽고 또 읽던 점자책도 모두 사라졌습니다. 가장 안타까운 일은 그동안 써 왔던 설리번 선생님에 관한 원고가 모두 재로 변한 것이었습니다. 그렇지만 결코 포기할 헬렌이 아니었습니다. 반드시 선생님에 관한 글을 쓰겠다는 생각으로 다시 자료들을 모으고 지나간 기억들을 되살려 기록하기 시작했습니다.

헬렌이 설리번 선생님 전기를 본격적으로 다시 쓰기 시작한 것은 1953년, 일흔세 살 때였습니다. 헬렌은 손의 감촉이 예전만 못하다고 느꼈습니다. 전과 달리 손의 감촉만으로 물건들을 구별해 낼 수 없었습니다. 헬렌은 이제야말로 바깥 활동보다는 숙원이던 설리번 선생님에 대한 회고록을 마무리해야 할 때라고 생각했습니다. 그리고 선생님과 관련된 자료들을 정리하기 시작했습니다.

그러나 막상 선생님에 대한 글을 쓰려니 아픈 기억들이 샘솟아 올라왔습니다. 설리번 선생님은 시력을 잃어 가면서까지 자신을 위해 헌신했습니다. 헬렌의 곁을 지키기 위해서 사랑하는 남편 존 메이시와 헤어지는 아픔도 겪었습니다. 타자기를 마주하던 헬렌은 "어떻게 내가 그분의 희생에 보답할 수 있단 말인가"라고 소리 내어 통곡하기 시작했습니다. 헬렌의 가까운 친구였던 넬라는 "헬렌이 그렇게 고통스럽게 우는 모습을 본 적이 없다"고 회상했습니다.

그렇지만 헬렌은 그 고통스러운 여정을 포기하지 않았습니다. 설리번 선생님을 자신의 손으로 되살려 놓는 것이야말로 선생님에 대한 의무를 다하는 일이라고 여겼습니다. 사람들은 설리번 선생님이 헬렌을 두고 세상을 먼저 떠났다고 생각했지만, 선생님과 선생님의 가르침은 한시도 헬렌의 곁을 떠나지 않았던 것입니다.

  책을 다 쓰기까지 꼬박 2년이 걸렸습니다. 헬렌의 마음속에 살아 있는 설리번 선생님이 『나의 스승 설리번』이라는 책으로 세상에 나왔습니다. 1955년의 일이니, 선생님이 돌아가신 지 거의 20년, 그리고 집이 불타 모든 자료를 잃은 지 10년 만의 일이었습니다.

19. 홀로 선 헬렌

  설리번 선생님이 돌아가신 뒤 사람들은 설리번 선생님 없이도 헬렌이 잘 살 수 있을까 걱정했습니다. 하지만 사람들의 걱정과 달리 헬렌의 삶은 크게 변하지 않았습니다. 여전히 사회 문제에 대해 발언하고, 장애인을 돕기 위해 미국은 물론 전 세계를 돌았습니다. 많은 이들이 설리번 선생님이 있기에 헬렌이 있고, 설리번 선생님이 헬렌의 생각을 조종한다고 생각했지만, 헬렌은 선생님 없이도 일을 잘해 나갔습니다. 다만 달라진 것이 있다면 그동안 헬렌과 선생님을 돌봐 주던 폴리 톰슨이 선생님이 하던 역할을 대신하는 것뿐이었습니다. 폴리는 헬렌이 여행할 때 동반자가 되고 통역이 돼 주기도 했습니다.

선생님이 돌아가신 이듬해에는 선생님과의 약속대로 일본을 방문했습니다. 일본에서 헬렌의 인기는 하늘을 찌를 듯했습니다. 헬렌은 일본 각지를 돌며 아흔아홉 번이나 연설을 했습니다. 가는 곳마다 헬렌을 보기 위해 수만 명에서 수십만 명의 사람들이 모여들었습니다. 그들은 헬렌의 연설을 듣고 장애인 역시 비장애인과 다름없는 고귀한 사람임을 깨달았습니다. 이런 깨달음을 얻은 많은 사람들이 장애인을 돕는 일에 나서면서 일본 최초의 시각장애인 지원 기구도 생겼습니다.

1946년에는 미국 시각장애인 재단의 자매기관인 미국 해외 시각장애인 재단을 돌아보기 위해 세계 여행을 떠났습니다. 이후 11년 동안 헬렌이 장애인 재단을 대표해서 방문한 지역은 5개 대륙, 35개 나라나 됐습니다. 이 35개국에는 우리나라도 있습니다. 헬렌의 헌신적 노력은 미국은 물론 다른 여러 나라에서도 속속 결실을 맺기 시작했습니다. 그가 방문한 지역마다 맹아학교, 농아학교가 세워졌고 장애인을 지원하는 법도 만들어졌습니다.

사회 문제에 대한 헬렌의 관심 역시 더욱 폭넓어졌습니다. 헬렌은 노예제도를 지지했던 미국 남부 출신이었지만, 피부색으로 사람을 차별하는 일을 비판했습니다. 그래서 당시 백인들로부터 차별받던 많은 유색인들이 헬렌을 존경했습니다.

헬렌은 1951년 인종격리정책으로 악명이 높았던 남아프리카공화국을 방문했을 때, 그 나라 유일의 흑백 통합 대학에서 명예박사 학위를 받았습니다. 학위 수여식에서 헬렌은 자신을 초청한 사람들이 해를 입을까 봐 직접적으로 인종격리정책을 비판하지는 않았습니다. 하지만 백인 우월주의 때문에 유색 장애인들이 더 큰 고통을 겪고 있다는 사실을 지적하고 그들에 대한 지원을 확대해야 한다고 호소했습니다. 간접적으로 인종격리정책을 비판한 것이었습니다.

헬렌의 고향인 앨라배마 주가 속한 미국 남부에서도 당시에는 흑백 차별이 심했습니다. 남아프리카공화국에서 돌아온 헬렌에게 기자들이 물었습니다.

"남아프리카공화국의 인종격리정책을 비판하셨는데, 미국 남부의 흑백 차별 정책에 대해서는 어떻게 생각하십니까?"

"흑인이라는 이유만으로 버스의 앞자리에 앉지 못하게 하고 화물용 엘리베이터를 타게 하는 것은 말할 수 없이 부끄러운 일입니다. 하루빨리 이런 제도를 없애야 합니다."

헬렌의 이런 대답은 아주 당연했습니다. 장애를 가진 사람이 비장애인과 마찬가지로 존엄한 인간이듯이 흑인도 백인과 마찬가지로 존

인종격리정책
흑인을 비롯한 유색인을 백인과 차별하는 정책. 유색인은 백인과 같은 학교에도 다니지 못하고, 같은 식당에서 식사할 수도 없었다. 이런 정책은 미국에서 1950년대 말까지 계속됐고, 남아프리카공화국에서는 1980년대까지 계속됐다. '아파르트헤이트'라고도 한다.

엄한 인간이라고 생각했으니까요. 그의 이런 생각은 당시 싹트기 시작한 흑인 민권 운동에 영향을 주어 미국이 인종격리정책을 철폐하도록 만드는 데 큰 힘이 됐습니다. 하지만 고향에 사는 형제들에겐 헬렌의 이런 태도가 불편하기 짝이 없었습니다. 헬렌이 흑인 편을 든다고 이웃들이 대놓고 싫어했기 때문입니다. 사회 문제에 대한 헬렌의 발언을 좋아하지 않던 가족과 헬렌은 갈수록 거리가 멀어졌습니다.

그럼에도 헬렌의 명성은 점점 더 높아졌습니다. 1950년대에 들어서면서 세상 사람들은 헬렌 켈러를 살아 있는 가장 위대한 미국 여성으로 평가했습니다. 헬렌은 불굴의 인간 정신의 상징이자, 세계인에게 가장 사랑받는 미국인이기도 했습니다. 초청장들이 세계 곳곳에서 헬렌의 집으로 날아들었습니다. 미국에서 대통령이 된 사람이라면 누구나 적어도 한 번씩은 헬렌을 백악관에 초청했습니다. 세계 여러 나라의 지도자들도 다투어 헬렌을 만나려 했습니다.

그런 주요한 인물들을 만날 때마다 헬렌은 장애인들에게 꼭 필요한 요구를 했고, 그 누구도 그것을 거부하지 못했습니다. 덕분에 장애인들의 처지가 점점 나아졌습니다. 헬렌의 공적을 기리기 위해 세계 여러 곳에서 각종 상을 수여했습니다.

1953년에는 헬렌의 일생을 기리기 위해 「정복되지 않은 자」라는 기록영화가 만들어졌습니다. 이 영화에서 헬렌은 세계적인 무용가 마사 그레이엄과 함께 춤을 추었습니다. 일흔이 넘었지만, 헬렌이 다른 무용수들과 어울려 추는 춤은 부드럽고 아름다웠습니다. 그레이엄은 "헬렌은 자신을 고집하지 않았고 모든 것을 그대로 받아들였다"며 분명 '신의 증언자'라고 추앙했습니다. 이 영화는 헬렌이 설리번 선생님에게 어떻게 교육받았는지, 그리고 그레이엄으로부터 어떻게 춤추는 법을 배웠는지를 직접 설명하는 모습을 담았습니다. 그리고 그해 최고의 영화에 주는 아카데미 영화상을 받았습니다.

이듬해, 헬렌이 태어난 터스컴비아의 집 '아이비 그린'이 국가 사적지로 지정됐습니다. 그 다음 해인 1955년은 헬렌에게 영광의 한 해였습니다. 오랜 숙원이던 설리번 선생님에 관한 책을 완성해서 세상에 내놓았고, 일흔다섯의 나이로 극동 지역 장애인들의 처지를 살피기 위해 장장 5개월에 걸친 여행도 다녀왔습니다. 인도에서 네루 수상과 몇 차례 만나기도 했습니다. 여행에서 돌아온 헬렌에게 한 기자가 은퇴할 생각이 없느냐고 물었습니다.

"저는 은퇴라는 단어를 싫어합니다. 하지만 일을 좀 줄이고 앞으로 남은 삶은 공부하는 데 쏟을 작정입니다."

헬렌은 일흔다섯 살의 나이에도 외국어 공부를 새로 시작하고 플라톤, 칸트, 스베덴보리 같은 철학자들의 책을 탐독했습니다. 뭐니 뭐니 해도 그해 최고의 일은 하버드 대학에서 명예박사 학위를 받은 것입니다. 하버드는 헬렌이 그토록 가고 싶어했지만, 여성이라는 이유로 갈 수 없었던 대학이었습니다. 헬렌은 하버드 대학에서 명예박사 학위를 받은 최초의 여성이 됐습니다. 또한 모교인 래드클리프 대학은 헬렌에게 공로상을 수여하고, 그를 기념하는 헬렌 켈러 정원을 만들었습니다. 정원의 분수는 설리번 선생님의 이름을 따 설리번 분수가 됐습니다.

하버드 대학 학위 수여식 날, 하얀 옷에 연둣빛 꽃이 달린 하얀 모자를 쓴 헬렌은 눈부시게 아름다웠습니다. 헬렌의 이름이 불리자 식장에 모인 이들이 모두 일어나 박수 치며 축하했습니다. 헬렌은 모든 영광을 설리번 선생님에게 돌렸습니다.

"인도에 갔을 때 제 일생을 꼭 닮은 벵골보리수˙라는 나무를 보았습니다. 가뭄과 무자비한 기후에 맞서서 그 나무는 싹을 틔울 방법을 찾느라 애를 씁니다. 제 선생님 역시 벵골보리수 같은 분이었습니다. 저의 발전을 위해 선생님이 한 일은 인류의 경험 속에서 뿌리도 씨도 찾을 수 없는 새로운 일이었습니다. 그러나 선생님은 저를 작은 새싹으로 키워 냈습니다. 저는 선생님의 보살핌 속에 좋은 땅에 떨어져 정상적인 사람으로 모습을 갖춰 갈 수 있었습니다."

이후 차츰 사회 활동을 줄여 가던 헬렌은 1964년 존슨 대통령으로

벵골보리수
뽕나뭇과의 나무로 '바니안나무'라고도 한다. 높이는 30미터 정도로, 한 그루의 가지에서 여러 개의 받침뿌리가 나와 많은 새싹이 넓은 지역에 가로퍼져 숲처럼 된다. 인도가 원산지이다.

부터 미국 최고의 시민에게 주는 상인 '자유의 메달'을 받았습니다. 그리고 1년 뒤, '전미 여성 명예의 전당'에 들어갈 20명의 인물 가운데 한 사람으로 선정됐습니다. 100여 명의 후보 가운데, 헬렌과 루스벨트 대통령의 부인인 엘레노어 루스벨트가 가장 많은 표를 얻었습니다.

20. 헬렌이 남긴 교훈

점점 쇠약해져 가던 헬렌 애덤스 켈러는 1968년 6월 1일 자택 '아칸 리지'에서 고요히 눈을 감았습니다. 평생을 잿빛 어둠 속에서 살았지만 결코 죽음을 두려워하지 않았던 이 용기 있는 여성은, 깊은 잠 속에 빨려 들어간 것처럼 그렇게 고요히 세상을 떠났습니다. 헬렌이 숨진 뒤 유골은 그의 유언대로 32년 전 숨진 설리번 선생님의 곁에 안치됐습니다.

헬렌은 일생 동안 장애인들의 더 나은 미래를 꿈꿨습니다. 장애인들이 무시당하거나 조롱받는 것을 원하지 않았듯이 떠받들어지는 것도 원하지 않았습니다. 비장애인들보다 불편한 몸을 타고났을 뿐 본질적으로 다를 게 없다고 사람들이 받아들이기를 바랐습니다. 하지만 장애인들에 대한 편견은 지금까지 끈질기게 남아 있습니다. 평생에 걸쳐 노력했음에도 헬렌은 사람들의 생각을 완전히 바꾸는 일까지 해

내진 못했습니다. 그것이 헬렌에게는 가장 힘든 일이었습니다.

  헬렌이 꿈꾸는 세계는 장애인들도 차별 없이 일자리를 얻고 꿈을 실현할 수 있는 곳입니다. 그러나 헬렌의 꿈은 21세기인 지금도 여전히 꿈으로 남아 있습니다. 시각장애인을 비롯한 다른 많은 장애인들이 아직도 일자리와 평등한 대우를 요구하며 싸우고 있습니다.

  헬렌은 또 모든 사람들에게 사회 정의가 실현되는, 더 나은 세상에 대한 꿈도 품었습니다. 헬렌이 꿈꾸는 세상은 장애인이든 비장애인이든, 흑인이든 백인이든, 기독교인이든 이슬람교인이든, 노동자든 경영자든 서로 존중하며 평화롭게 살아가는 세상입니다. 이런 세상을 만들기 위해서 헬렌은 교육이 중요하다고 여겼습니다. 교육을 통해 인종이나 피부색, 신념의 차이에 관계없이 우리 이웃 모두를 받아들이고 사랑하게 해야 한다고 생각했습니다. 하지만 그 꿈도 아직 이루어지지 않았습니다.

  그러나 이렇게 더디게 발전한다고 해서 좌절할 필요는 없습니다. 시청각 장애를 가진 헬렌도 그 모진 어려움을 딛고 스스로 우뚝 섰는데, 우리라고 못할 까닭이 없습니다. 이제 우리가 헬렌의 꿈을 이어받아 한걸음 앞으로 내딛기만 하면 됩니다. 헬렌의 말처럼 "도전하지 않는 삶은 무의미한 인생"이기 때문입니다.

| 부록 |

사진으로 보는 헬렌 켈러의 삶

Ⅰ. 어린 시절(1880~1894)

1880년 6월 27일 | 헬렌 켈러가 태어나다
미국 앨라배마 주 터스컴비아 시에 위치한 농장의 저택 '아이비 그린'에서 아버지 아서 헨리 켈러와 어머니 케이트 애덤스 켈러 사이에서 헬렌 켈러가 태어났다.

1882년 2월 | 시청각 능력을 잃다
태어난 지 19개월 뒤인 어느 날 열병을 앓고부터 헬렌은 보고 듣지 못하게 되었다.

1886년 여름 | 선생님을 찾다
헬렌의 부모는 제 뜻을 제대로 표현하지 못해 점차 난폭해지는 헬렌을 가르치기 위해 선생님을 찾기 시작했다. 그렇게 해서 찾아간 볼티모어의 의사 줄리앤 치점으로부터 그들은 알렉산더 그레이엄 벨을 소개받았고, 벨 박사는 다시 퍼킨스 맹학교의 교장 마이클 아나그노스에게 헬렌을 소개하는 소개장을 써 주었다.

1887년 3월 3일 | 설리번을 만나다
아나그노스 교장의 주선으로 앤 설리번이 헬렌의 가정교사로 오게 되었다. 이후 설리번은 그녀가 죽기까지 헬렌의 선생님이자 인생의 동반자로 평생을 살게 된다.

1887년 4월 5일 | 사물의 이름을 익히다
집 뒤뜰의 우물가에서 펌프로 퍼 올린 물을 손으로 받으며 물(w-a-t-e-r)의 철자를 익히고 낱말과 그 의미를 이해하게 되었다. 이날 익힌 단어만 30개로, 그 뒤 손의 감각으로 사물의 이름을 익히고, 문장도 만들게 되었으며, 글을 써서 다른 사람에게 의사를 표현하는 방법도 배웠다. 7월에는 점자 공부를 시작한다.

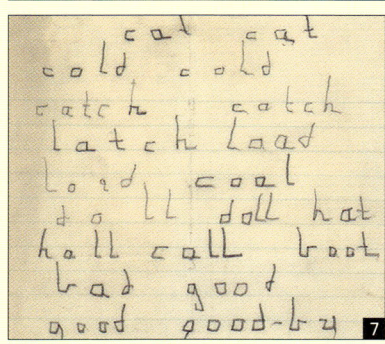

1 헬렌 켈러가 태어난 집 '아이비 그린'
2 아서 헨리 켈러의 모습
3 케이트 애덤스 켈러(1900)
4 알렉산더 그레이엄 벨과 헬렌(1901)
5 앤 설리번(1887)
6 일곱 살의 헬렌 켈러(1887)
7 1887년 6월 20일에 쓴 헬렌의 글씨
8 헬렌의 집 뒤뜰에 있는 우물가의 펌프

1888년 5월 26일 | 퍼킨스 맹학교에 들어가다
헬렌은 설리번과 함께 집을 떠나 퍼킨스 맹학교에 입학한다. 그는 아나그노스 교장의 보고서 등을 통해 사람들의 관심을 받으며 단번에 유명 인사가 되었다.

1890년 3월 26일 | 말하는 법을 배우다
보스턴의 호러스 맨 농아학교의 세라 풀러 교장으로부터 발성법을 배워 헬렌은 말을 할 수 있게 되었다. 발음이 부정확하고 좋은 목소리는 아니었지만 이를 통해 나중에 대중 강연을 할 수 있게 되었다.

1891년 여름 | 토미 스트링어를 돕다
언어장애인이자 청각장애인 소년 토미 스트링어가 어려운 가정 형편으로 교육을 받지 못한다는 이야기를 듣고 토미 스트링어를 퍼킨스 맹학교에 보내기 위해 모금 활동에 나선다. 그 결과, 1600달러가 모였다.

1891년 11월 | 아나그노스 교장과 연락을 끊다
헬렌은 퍼킨스 맹학교의 아나그노스 교장에게 자신이 쓴 이야기 「서리 왕」을 생일 선물로 보내는데, 이것이 마거릿 캔비가 쓴 「서리 요정들」과 비슷하다는 혐의를 받고 퍼킨스 맹학교 조사 위원회에 조사를 받게 된다. 이 과정에서 마이클 아나그노스 교장과의 관계가 끊어졌다.

Ⅱ. 학교생활(1894~1904)

1894년 10월 | 라이트-휴메이슨에 들어가다
헬렌은 설리번과 함께 뉴욕으로 가서 라이트-휴메이슨 청각 장애아 학교에 입학해 그곳에서 2년 동안 공부했다.

1895년 3월 | 마크 트웨인을 만나다

9 퍼킨스 맹학교의 교실 모습(1880)
10 헬렌 켈러와 설리번(1888)
11 라이트-휴메이슨 청각 장애아 학교의 교실에서. 헬렌과 설리번은 앞줄의 왼쪽(1895)
12 마크 트웨인과 함께. 뒷줄 왼쪽부터 시계 방향으로 설리번, 로런스 허턴, 마크 트웨인, 헬렌(1902)

사진으로 보는 헬렌 켈러의 삶 ● 169

한 파티에서 헬렌은 소설가 마크 트웨인(새뮤얼 클레멘스)을 만나게 된다. 그후로도 이들의 만남과 우정은 계속되어 경제적인 도움을 주는 등 마크 트웨인은 일평생 헬렌의 옹호자가 되어 주었다.

1896년 | 케임브리지 여학교에 들어가다
1896년 7월 8일에는 미국 일리노이 주 세인트클레어에서 열린 전 미국 농아 교육 협회 대회에서 처음으로 강연을 했다.
그해 8월 19일에 헬렌의 아버지가 세상을 떠났으며, 10월에 헬렌은 대학 입학시험 준비를 위해 케임브리지 여학교에 들어가 공부한다.

1899년 7월 4일 | 래드클리프 대학으로부터 입학 허가를 받다
입학 허가서에는 "켈러 양은 고급 라틴어 과목을 통과했습니다(Miss Keller passed with credit in advanced Latin)."라고 씌어 있다. 이듬해 가을에 입학했다.

1902년 | 「내가 살아온 이야기」를 쓰다
편집자 존 메이시의 도움을 받아 『레이디스 홈 저널』에 「내가 살아온 이야기」를 연재해 이듬해 3월, 이를 엮어서 단행본으로 출간했다.

1903년 11월 | 『낙관주의』를 출간하다

1904년 6월 28일 | 래드클리프 대학을 졸업하다
『센추리 매거진』에 장애 속에서 사는 자신의 삶을 다룬 「내가 살고 있는 세계」를 연재하는 한편, 래드클리프 대학을 우수한 성적으로 졸업한다. 영문학 우등상을 받았으며 최초로 대학 졸업장을 받은 시청각장애인이 되었다. 『내가 살고 있는 세계』는 1908년에 출간되었다.

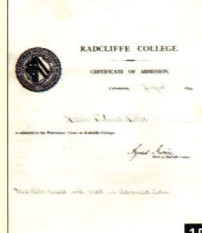

13, 14 헬렌 켈러와 설리번(1897, 1898)
15 래드클리프 대학 입학 허가서
16, 17 점자를 읽고 있는 모습(1902, 1904)
18 래드클리프 대학을 졸업하며 학사모와 졸업 가운을 입은 모습(1904)

III. 젊은 시절(1904~1924)

1905년 봄 | 렌섬으로 이사하다
헬렌은 설리번과 함께 매사추세츠 주 렌섬에 집을 구해 생활하기 시작한다.

1906년 | 주지사의 추천으로 매사추세츠 시각장애인 위원회의 위원이 되다

1909년 봄 | 존 메이시와 함께 매사추세츠 사회당에 가입하여 나라의 정책을 만드는 과정에서 여성도 투표에 참여할 수 있어야 한다고 주장하는 여성참정권론자가 되다

1912년 1월 | 로렌스 공장의 파업에 맞서다
로렌스 공장의 노동자들이 끔찍하고 나쁜 노동 조건으로 인해 파업을 벌였다는 소식을 듣고 이를 지원하여 승리를 얻는다. 또한 설리번과 함께 여러 곳으로 강연을 다니기 시작하여 1916년에는 네브래스카, 캔자스, 미시시피 주 등지에서 전쟁에 반대한다는 주제로 강연했다. 한편 1913년에는 「대학에 가는 사람을 위한 변명」이라는 글을 발표하여 여성들의 권익 보호에도 앞장서게 된다.

1917년 10월 | 뉴욕으로 이사하다
헬렌은 설리번과 함께 뉴욕 시 포리스트 힐스로 이사한다.

1918년 | 헬렌 켈러 기록 영화가 개봉되다
헬렌 켈러의 삶을 다룬 기록 영화 「세계 8대 불가사의 헬렌 켈러, 아름다운 해방」이 제작되어 이듬해 1919년 개봉되었다. 그러나 영화의 흥행 실패로 경제적으로 힘들어진 헬렌 켈러는 보드빌 공연에 출연해 1924년까지 공연 무대에 섰다.

1921년 6월 | 어머니가 세상을 떠나다

19, 20 헬렌 켈러(1904, 1907)
21 헬렌 켈러와 소녀(1907)
22 렌섬에서의 한때. 왼쪽부터 시계 방향으로 헬렌, 설리번, 설리번의 남편인 존 메이시(1914)

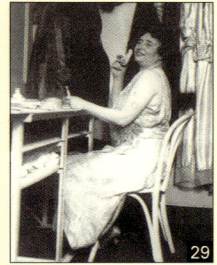

23, 24 헬렌 켈러와 설리번(1909, 1913)
25 배에 앉아 백조에게 먹이를 주는 헬렌 켈러 (1913)
26 헬렌 켈러(1914)
27 찰리 채플린을 만난 헬렌 켈러와 설리번. 맨 왼쪽은 헬렌의 비서인 폴리 톰슨(1918)
28 영화 「세계 8대 불가사의 헬렌 켈러, 아름다운 해방」의 포스터(1919)
29 보드빌 공연을 준비하는 헬렌 켈러(1920)
30 1920년 무렵의 헬렌 켈러

사진으로 보는 헬렌 켈러의 삶 ● 175

Ⅳ. 장애인의 대변자(1924~1946)

1924년 10월 | 장애인의 대변자로 활동하다
이때부터 헬렌은 미국 시각장애인 재단과 함께 장애인의 동등한 교육 기회 제공을 요구하는 캠페인을 벌이는 등 활발한 활동을 벌였다. 이후 44년간 재단의 홍보 대사로 활동한다.

1929년 | 장애인을 위한 도서관을 세우다
미국에 처음으로 시각장애인 전용 국립 도서관을 세우는 일에 힘쓴다. 또 실명 예방 협회를 만들어 사람들이 시력을 잃지 않도록 돕는 운동을 했다.

1931~32년 | 명예박사 학위를 받다
1931년 2월에는 템플 대학에서, 1932년 6월에는 글래스고 대학에서 명예박사 학위를 받았다.

1931~32년 | 시각장애인을 위해 일하다
1931년 4월에 열린 제1회 세계 시각장애인 회의에 참가해 조직의 기틀을 마련하였고, 이듬해 12월에는 미국 시각장애인 재단의 임원으로 뽑혔다.

1933년 1월 |「사흘만 볼 수 있다면」이 잡지에 실리다
『월간 애틀랜틱』 1월호에 실린 이 글은 대공황으로 고통받는 사람들에게 볼 수 있다는 것이 큰 축복이라는 교훈과 함께 사람들에게 큰 위로를 주었다.

1936년 10월 20일 | 설리번이 세상을 떠나다

1937년 4월 | 한국을 방문하다
헬렌 켈러는 한국을 비롯해 일본, 만주를 방문해 아시아 지역 시각장애인들을 돕기 위해 강연 활동을 벌였다.

31 미국 대통령 칼빈 쿨리지와 함께한 헬렌 켈러 (1926)
32 쿨리지 대통령 부인인 그레이스 쿨리지 여사의 입모양을 읽고 있는 헬렌 켈러(1926)
33 헬렌 켈러와 폴리 톰슨의 모습(1933)
34 앞을 못 보는 소녀에게 라디오를 이용하는 방법을 알려주는 헬렌 켈러(1938)
35 미국 시각장애인 재단에서 활동하는 헬렌 켈러(1950년 무렵)

사진으로 보는 헬렌 켈러의 삶 ● 177

1939년 9월 ㅣ '아칸 리지'로 이사하다
설리번과의 추억이 깃든 뉴욕 시 포리스트 힐스에 있는 집을 팔고, 헬렌은 코네티컷 주 웨스트포트의 주택 '아칸 리지'로 이사한다.

1943년 ㅣ 전쟁의 소용돌이 속에서 외치다
제2차 세계대전의 부상병을 돕는 운동을 전개하는 한편, 장애인의 처지를 알리고 이들의 처지를 개선하게 위해 애썼다.

Ⅳ. 인류애를 품다(1946~1968)

1946년 10월 ㅣ 세계 순회에 나서다
미국 시각장애인 재단의 자매기관인 미국 해외 시각장애인 재단의 주선으로 세계 순회에 나서 영국, 프랑스, 이탈리아, 그리스, 스코틀랜드를 방문한다. 이후 11년 동안 5대륙 35개 나라를 방문했다.

1946년 11월 ㅣ 집에 불이 나다
집에 불이 나서 대부분의 살림살이와 자료 들이 타 버리는 일을 겪었다.

1951년 ㅣ 남아프리카공화국을 방문하다
남아프리카공화국을 방문해 그 나라 유일의 흑백 통합 대학에서 명예박사 학위를 받았다.

1953년 겨울 ㅣ 헬렌 켈러 기록 영화가 개봉되다
헬렌 켈러의 일생을 기리는 기록 영화 「정복되지 않은 자」가 만들어졌다.

1954년 ㅣ 앨라배마 주 터스컴비아의 집 '아이비 그린'이 국가 사적지로 지정되다

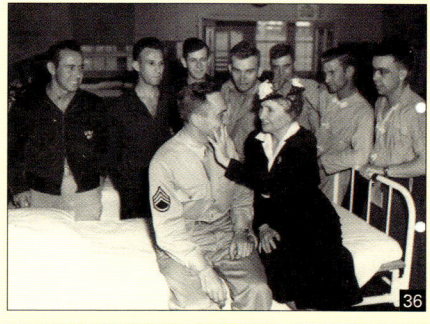

36 부상병을 위문하는 헬렌 켈러(1945)
37 이탈리아 로마에 방문해 장애 어린이와 함께한 모습(1946)
38 헬렌 켈러가 일본을 방문했을 때(1948)
39 이스라엘을 방문한 헬렌 켈러(1950)
40 언론인들에게 둘러싸인 헬렌 켈러(1950)
41 남아프리카공화국 줄루족에게 방패를 선물로 받고 있는 모습(1952)

1955년 봄 | 아카데미 영화상을 수상하다
영화 「정복되지 않은 자」가 아카데미 영화상에서 다큐멘터리 부문 작품상을 수상했다. 그해 6월에는 하버드 대학에서 여성 최초로 명예박사 학위를 받았고, 12월에는 설리번의 전기 『나의 스승 설리번』을 출간했다.

1961년 10월 | 뇌졸중으로 외부 활동을 중단하다

1964년 9월 | '자유의 메달'을 받다
린든 존슨 대통령으로부터 미국 최고의 시민에게 주는 상인 '자유의 메달'을 받지만, 거동이 불편하여 시상식에는 참석하지 못했다. 헬렌은 평생 동안 미국의 여러 대통령을 만났고 편지를 주고받으며 사회적 약자를 위한 목소리를 대변하였다.

1965년 | '전미 여성 명예의 전당'에 이름을 올리다
헬렌이 뉴욕 세계 박람회에서 '전미 여성 명예의 전당'에 이름을 올리게 된 20인 가운데 한 사람으로 선정되었다.

1968년 6월 1일 | 코네티컷의 자택 '아칸 리지'에서 88세의 나이로 숨을 거두다

헬렌 켈러의 친필 사인

42 아카데미 영화상을 수상한 헬렌 켈러(1955)
43 78세의 헬렌 켈러(1958)
44 케네디 대통령을 만나다(1961)
45 워싱턴에 있는 헬렌 켈러를 기념하는 명판(2006)

| 시리즈 소개 |

역사 속 인물을 만나 보자!

　우리는 자라면서 수많은 사람을 만나게 됩니다. 부모님과 또래 친구들, 선생님…… 그들과 서로 영향을 주고받으면서 지식을 얻고 세상을 알아 갑니다. 때로는 책을 통해서 새로운 사람들을 만나기도 합니다. 나보다 앞선 시대를 산 사람들의 삶을 들여다보며 자극을 받고, 그들의 모습을 닮으려고 합니다. 책에서 만나는 인물들은 어릴 때부터 비범한 재주와 재능을 지녔을 뿐 아니라 타고난 인품도 훌륭하여, 우리와는 다른 세상에 사는 사람들처럼 보입니다. 감히 좇아가려야 갈 수 없는 인물이 대부분입니다.

　하지만 아무리 뛰어난 인물이라도 처음부터 '영웅'이나 '위인'으로 태어나는 것은 아닙니다. 지금 시대에 태어났다면 우리와 함께 학교에 가고 컴퓨터 게임을 즐기는 친구가 되었겠지요. 다만 살아가면서 자신을 좀 더 깊이 들여다보고 끊임없이 노력하여 공동체와 미래를 위해 중요한 업적을 남긴 것이지요.

　'내가 만난 역사 인물 이야기'는 역사 속 인물들이 여러분 곁에 살아 숨쉬기를 바라는 마음을 담아 펴냅니다. 한 사람이 살아온 발자취가 모여 그 사람의 역사가 됩니다. 여러 사람의 역사가 모여 한 나라의 역사가 됩니다. 사람은 역사를 만들고, 역사는 사람을 만듭니다. 이 둘이 서로 영향을 주고받으며 새

로운 역사가 만들어지지요. 그래서 인물들의 발자취를 따라가다 보면 그 인물이 살았던 시대 상황과 역사의 흐름을 알 수 있습니다. 또한 역사와 시대의 소용돌이 속에서 어떤 생각과 행동을 했는지 배울 수 있습니다.

  이 책을 통해 역사 속에서 큰 발자취를 남긴 인물을 만나는 기쁨을 얻을 뿐 아니라, 우리 겨레의 문화와 역사를 더 깊이 알고 느끼기를 바랍니다.

(주)창비 어린이청소년출판부

| 참고한 책과 사이트 |

참고한 책

The Story of My Life; with her letters(1887~1901) and a supplementary account of her education, including passages from the reports and letters of her teacher, Anne Mansfield Sullivan, by John Albert Macy (Helen Keller, Groset&Dunlap 1904)
Light in My Darkness (Helen Keller, Ed. Ray Silverman, Chrysalis Books 1994)
The World I Live In (Helen Keller, New York Review Books 2003)
Optimism (Helen Keller, Kessinger Publishing 2003)
Helen Keller, A Life (Dorothy Herrmann, University of Chicago Press 1998)
나의 스승 설리번 (헬렌 켈러, 문예출판사 2009)
행복해지는 가장 간단한 방법 (헬렌 켈러, 공존 2009)

참고한 사이트

Helen Keller Archives Electronic Finding Aid (www.afb.org/ead/eadmain.asp)
Correspondence and Writings (www.afb.org/Section.asp?SectionID=1&TopicID=193)
Three Days to See, as published in Atlantic Monthly 1933 (www.afb.org/Section.asp?SectionID=1&TopicID=193&SubTopicID=17&DocumentID=1215)
Helen Keller Reference Archive (www.marxists.org/reference/archive/keller-helen/index.htm)